受歡迎的44訣竅

面對自我，建立眞摯關係

本田晃一 著

楓葉社

序章

「總是受歡迎的人」之間的共通點

不必讓每個人都喜歡自己

人類的眾多煩惱之中，最常見的就是「人際關係上的煩惱」。只要活著，就必須與人打交道。自古以來，「和身處的團體建立良好關係」即為人類的生存之道，因此，即便時至今日，人類仍舊頻繁地為人際關係所擾，其實也不無道理，彷彿我們的ＤＮＡ中刻有**「必須和周圍的人打好關係（否則將會置己於死地）」**的基因。

然而，冷靜下來思考便會發現，我們所處的社會環境早已和過往截然不同。

過去，只要在群體中惹人生厭，便會慘遭「村八分」，而難以生存下去。這道規則或許曾經成立，但事過境遷，現代社會已經變得比過去更為流動及多元。

或許可以說，相較於過去，現代社會中「個人」的存在價值愈加閃耀突出。

簡而言之，即便遭人厭惡，也只要再和其他人建立良好的關係即可，並不會為生活帶來困擾。

總結來說，生於現代的我們**擁有「選擇與誰來往的自由」**。

因此，基本上，我們無需與那些「厭惡自己」或「貶低自己」的人來往。

只需要和「仰慕的人」、「喜歡自己的人」、「尊重自己的人」來往即可。只要明白這點，老是浮現腦海、難以釋懷的人際關係煩惱，或許就能迎刃而解。

你是否害怕被討厭呢？

你是否擔心自己無法贏得眾人的喜愛呢？

若真如此，首先，我想帶你擺脫這些迷思。

每個人都是獨一無二的，若想發揮個人特質，活出精采人生，就必須明白——不可能讓所有人都喜歡你，總會有人看你不順眼。

若為了取悅他人，逼迫自己聽從外界的聲音，卑躬屈膝，壓抑真實的自我，即是在貶低自己存在的價值。如此一來，最重要的自己簡直太可憐了。

有首日本童謠，歌詞寫道：「能不能交到100位朋友呢♪」

我想大多數的人應該也已經發現，要「結交100位朋友」簡直是天方夜譚。

我個人負面臆測，說不定這只是大人為了「方便管教孩童」而寫下的歌詞，因為只要每位孩子把大家當成好朋友，就能避免孩童一個個做出踰矩的行為，管教起來才輕鬆方便。

無論如何，「結交100位朋友」完全是無稽之談。

假使我現在請正在大眾運輸上閱讀這本書的讀者和同台車上的所有路人變成知心好友，肯定也會被認為是荒謬無理的要求。

要求班上所有同學和睦相處，或許就跟要求碰巧搭上同班車的所有乘客相親相愛一般，是違背常理的請求。

況且，一樣米養百種人，遇上合不來的人是天經地義的事情。

因此，想要受歡迎的前提，就是**接受「自己不可能討所有人喜歡」**。

本書即是在這個前提之下，教導各位建立良好人際關係的技巧。

當然，步入社會後，難免遇上必須跟厭煩的人、難以招架的人交涉的場合。

面對這些時刻，其實也有一些策略及思維能幫助你化解痛苦。因此，請不用擔心，就讓我們繼續閱讀下去吧！

人生就像是一場「夏威夷之旅」

若不擺脫「不想被討厭」的思想枷鎖，即便後頭講解再多技巧，恐怕也無法有所收穫。因此，進入正題之前，我想先深入探討為何人際關係上的煩惱總是令人難以應付。

究竟為什麼我們會害怕被討厭呢？因為大部分的時候，我們都認為**「遭人厭惡會對自己不利」**。

我女兒在8歲的時候，曾經向我訴苦：「我不想要跟壞孩子們和平相處，但如果刻意遠離他們，被他們討厭的話，他們就會跟班上同學說我的壞話。」雖然這是

小學生遭遇的情景，但大人們不也有著類似的困擾嗎？

你是否也曾經因為害怕某位個性不合的人向周遭散播自己的不實謠言，而勉強與他打好關係、和睦相處呢？

然而，**「遭人厭惡會對自己不利」其實只是迷思**。

就算你和某位處不來的人關係破裂，他開始向周遭散播你的不實謠言，那又如何呢？

或許真的會有人明明對你一無所知，卻依然相信那些流言蜚語，因而產生誤解，但那些喜歡道人長短的人，內心往往是孤獨的。這是他們自身的課題，與你無關，無須替他們操心。

再者，真正了解你的人即使聽到與你有關的閒話，也不會輕易受其影響，依舊能與你相知相惜，而你也只需要珍惜這些情分即可，事情並非想像中複雜。

或許有人會質疑：「大人的世界可不像小孩的世界一般單純。」

我也能理解這樣的想法。

然而，即便大人之間的人際關係看似複雜，只要決心不再讓自己於人際關係中委曲求全，所有問題都能迎刃而解。

我總是把「製造歡樂時光」當成我的人生目標，因此，我也希望各位別再深陷「遭人厭惡會對自己不利，不合的人也得和睦相處」的迷思之中。

我敢斷言，**總是受歡迎的人絕對不會勉強自己經營不合拍的關係**。唯有明白怎麼樣的人際關係令自己舒服自在，才能成為受歡迎的人。

我們的人生有限，儘管無法預知自己能夠活到幾歲，這件事情仍舊無庸置疑。

因此，也沒有閒暇的功夫勉強自己經營不合拍的關係。

我希望各位能把人生想像成一場「夏威夷旅行」。

你肯定不會想跟討厭的人、合不來的人，或是嫌棄自己的人一起踏上這趟難得的度假之旅，而是希望能和喜歡、重要的人享用同樣美食，欣賞同樣風景吧！

誇張點來形容，**只結交「讓你願意一同前往夏威夷之旅」的朋友，就能讓你的人生如同一場歡樂的夏威夷之旅**。

當然，即便身邊圍繞著親朋好友，身而為人，偶爾還是會有生氣、受傷的時候。但與合拍的朋友相處，人生將能充斥著許多歡樂時光，也就得以把痛苦拋到九霄雲外。

況且，生在這個世代，只要你願意，就能選擇自己渴望的人生，豈不是件幸福的事嗎？

只要受歡迎，就能迎接精彩豐富的人生

無論是豐厚的財富或是寶貴的機遇，都是源自於「他人」的贈予。

因此，只要受歡迎，必定能迎向光明璀璨的人生。

而我認為，受歡迎最根本的原因，是擁有**「對他人的好奇心」**。

詳細內容將會在第1章進行說明，但我想先在此告訴各位，當人類發現自己引起他人的興趣時，往往會喜不自勝。因此，只要採取「我對你的談話內容感興趣」的態度與他人交流，便能成功開啟受歡迎的大門。

而且，好處不僅如此。

正因為對對方感到好奇，會更仔細聆聽對方的言談。這麼做除了可以獲得對方的格外欣賞，當你愈專心聆聽對方的故事，愈能從中汲取對方截至今日累積的知識、見解與經驗。**或許在和對方的談話之後，你長久以來擁有的煩惱便能煙消雲散**，就像學會九九乘法表後，乘法計算便能如虎添翼一般，帶來無限收穫。**抱持好奇心專心聆聽對方說話還能讓對方留下良好印象**。當關係有個好的起點，將來哪天需要幫忙時，對方肯定會不惜一切拔刀相助，或是提供寶貴的意見，簡直是一舉多得。

驀然回首，我早已數不清自己至今究竟領受過多少恩惠。

德高望重的人物、小我多歲的後輩、居酒屋的老闆……等等不勝枚舉。

多虧大家盛情相待，積極給予我商業上的寶貴意見、分享不同視角的創新想法、在歡樂酒局中招待限量酒款等等，才造就了現今的我。

我想，正是因為我拒絕阿諛奉承、討厭的人，才能如此受人歡迎。

況且，我也並非抱持著「成為萬人迷」的渴望與世人打交道，只是很自然地**保持好奇心，傾聽對方的話**而已。回首後才發現，這就是我受人歡迎的原因，更重要的是，它竟帶領我邁向了精彩豐富的人生。

接著，終於要進入正題了。

不必讓所有人都喜歡你，只需改變自身的態度及言行舉止，就能夠和周圍的人建立「輕鬆自在的關係」。希望各位將此謹記在心。

目錄

序章

「總是受歡迎的人」之間的共通點

1章

總是受歡迎的人「初次見面時」會做的事

2章 總是受歡迎的人「聊天時」會做的事

3章 總是受歡迎的人「交際時」會做的事

4章

總是受歡迎的人「苦惱時」會做的事

5章

總是受歡迎的人「日常生活中」會做的事

1章

總是受歡迎的人「初次見面時」會做的事

「對對方抱持好奇心」是一切的起點

「您好，初次見面，敝姓本田。」

初次會面時，聽完對方簡單的自我介紹後，我的腦中都會浮現出一句話。

「這個人，究竟是個怎麼樣的人呢？」

每個人都積攢著各自不同的生命經驗。

而其中一位歷練滿滿的人，現在正站在我的面前。這個人究竟有過哪些經歷？心裡究竟在想些什麼？他又是怎麼走到今天的呢？光是思考這些事，就足以令我興奮不已。

稍加談話過後，我不禁會在腦中驚嘆：

「咦？居然有這麼特別的經驗！真令人佩服！」

「哇！很棒的想法！真不錯！」

但這些讚賞並不只會停留在我的腦海。因為實在是備受感動，所以我往往會透過表情和言語，向對方表達我的激賞。

「是什麼讓你產生這樣的想法呢？」

「該怎麼做，才能做出這麼厲害的事情？」

「可以詳細說明事情的經過嗎？」

無論是人山人海的派對、友人舉辦的小型聚會，或是和居酒屋老闆談話，我大多都是這樣與人展開交流。

「為何本田先生總是能受人歡迎呢？像本田先生這樣『總是受歡迎』的人有什麼交友祕訣嗎？」

會有這本書，其實是源自於出版社編輯這句稀鬆平常的提問。

老實說，我並不認為自己是個「總是受歡迎」的人。我想，討厭我的人應該不計其數（只要到Amazon上查看我著書底下的評論就能明白了，哈哈！）。

但是，回想起來，我確實沒什麼人際關係上的煩惱，圍繞在我身邊的人都是我非常喜愛的人們，親友介紹的新朋友也全都是善良的好人。

若是因為我本身的想法和言行，讓我自然而然發展出這種「和睦的交友圈」，或許我確實稱得上是「受歡迎的人」吧！

那麼，針對人際關係以及溝通方法，或許能跟各位分享一些我的想法。

不過，該從何說起呢？我想到的是**「初次見面時，務必對對方抱持好奇心」**。

雙方互相了解後，才會建立起人際關係。因此，我們根本不必和自己沒興趣的對象建立關係。想讓自己受歡迎前，必須先明白這個道理。

若對對方抱有好奇心，自然會對對方在做的事、所說的話產生好奇，也自然能在對話中向對方提問，展開深度對話。

本篇開頭有寫到初次見面時我的反應，其實就是如此。

而且，最重要的是，人一旦知道自己或自己正在做的事情引起他人的興趣，往往會喜不自禁。

換言之，**對對方抱有好奇心及興趣，且不吝於向對方表達自己的心情，便能開啟受歡迎的大門**。當然，表達也一定有技巧，但一切的源頭，肯定是要先對對方抱有好奇心。

透過「深度對話」延續任何話題

然而，若未能善加表達熱情，讓對話延續下去的話，即使對對方抱有好奇心，這場初次見面的談話也只會變得了無生趣，像是：

我：「初次見面，敝姓本田。」

對方：「初次見面，敝姓〇。」

我：「請問您從事什麼工作呢？」

對方：「我在〇〇〇產業工作。」

我：「哇！原來是這樣啊！」

對方：「沒錯，本田先生從事什麼工作呢？」

我：「我在〇〇〇產業工作。」

對方：「哇！原來是這樣啊！」

我：「沒錯。」

對方：「……」

我：「……」

果然是場無趣的談話，對吧！我想以上的情境應該屢見不鮮。

首先，最重要的，就是確認自己是否有興趣了解對方。接著，就是用言語表達內心的熱情。

我在初次見面的場合上最常使用的招數，就是「深度對話」，即反覆詢問問題，深入了解對方。這道方法看似簡單，卻受用無窮。

這麼做究竟會產生什麼效果呢？首先，你可以對對方有一定程度的了解。只要進行「深度對話」，即便話題和工作有關，都能一窺對方的性格和品德，甚至是內心深處的「生命熱忱」。生命熱忱往往散發強烈的正面能量，當我們感受到對方的生命熱忱時，也會不禁為之動容。

對方也許會感到意外，明明是初次見面，卻能引起你的共鳴，不過，若自己說的話能讓人有所感觸，肯定也會備感欣慰。

而且，我們也容易**利用「對方了解自己的程度」來評判「兩人的交情」**。事實上，這兩者不應該劃上等號，但這是人類常有的心理作用。

通常在初次見面的場合上，彼此之間的談話容易徒留表面形式，此時，若有一個人能夠進行深度對話，並且心有靈犀，對方肯定會認為這個人了解自己。

因此，藉由「深度對話」產生共鳴，就能在初次見面時取得對方的好感。

和對方一同挖掘「生命熱忱」

「深度對話」能夠和對方一同挖掘對方可能早已忘記，或是未曾察覺的「生命熱忱」。

我想向各位分享兩則真實故事。

①護理師A @我個人開設的自我介紹講座

A：「大家好，初次見面，我是A。我的職業是護理師，主要負責臨終關懷，協助照顧臨終的高齡患者，請多多指教。」

我：「您好，**請問是什麼契機讓您成為護理師呢？**」

A：「我的祖母很早就過世了，當時，我總是用冷淡的態度對待她。後來，我相當懊悔竟然沒有對她溫柔一些。因此，我才想成為護理師，希望能照顧和我祖母年紀相仿的長輩，陪伴他們走完人生的最後一哩路。」

我：「原來是這樣。那麼，**是基於什麼理念，讓你決定陪伴祖母年紀相仿的長輩，陪他們走過最後一哩路？**」

A：「很多臨終患者的家屬往往不願面對患者即將離世的事實，因此總是冷漠地對待他們，就像當初的我一樣……若成為護理師，至少還有我可以溫柔地照護他們，加上我也有相同的經驗，能夠向態度冷淡的家屬們宣導照顧他們的方法，以及如何向他們表達愛意。每當我這麼做，許多家屬都願意改以溫柔體貼的態

度面對患者，並陪伴他們幸福地走完人生的最後一程。」

希望以自身的經驗作為借鏡，避免臨終患者孤寂走完僅存的人生，也避免家屬於患者逝世後悔不當初，讓即將撒手人寰的病人與其親友都能在剩餘的相處時光中，感受彼此之間的情誼與牽絆。

A為了達成這項心願，成為了護理師，而我也被其中蘊藏的熱忱深深地打動了呢！

順帶一提，這場講座本來的主要目的，即是讓參與者能夠進行精彩的自我介紹。因此，我才藉由深度對話，讓A能夠透過自我介紹，將自己的獨特魅力展現地淋漓盡致。

若你無法向他人完整介紹自己，我建議**可以與自己進行一場深度對話**。

只要透過深度對話挖掘出自己的生命熱忱，下次在初次見面的場合中被問及工作時，便能胸有成竹、氣宇軒昂地和對方分享自己的故事，搞不好還能獲得對方的賞識呢！

②編輯S @此書的出版會議

我：「想請問S，是什麼契機讓您成為編輯的呢？」

S：「嗯……該怎麼說呢？總覺得自己好像只有這條路可以選擇。」

我：「是這樣啊！那為什麼會覺得自己只有這條路可以選擇呢？」

S：「因為我平時花很多時間閱讀，要選擇相關工作的話，也只有編輯這條路了。」

我：「所以你很喜歡閱讀嗎？」

S：「對呀！當然也會看電影或打電動，但還是花最多時間閱讀。」

我：「但也不是每個喜歡閱讀的人都想成為編輯呢！譬如有人希望出版自己的著作等等。在眾多選擇之中，你卻選擇成為編輯，究竟是為什麼呢？」

S：「因為自己在閱讀工具書時，總是會不禁在暗地裡思考：『如果這裡能稍作修改的話，應該可以更好閱讀，也會更熱賣』！」

我：「原來如此，那讓書籍『容易閱讀且熱賣』的目的是什麼呢？」

S：「許多人能因此受惠。讀者可以透過實踐書中的內容來豐富人生，書籍暢銷則能壯大出版社的規模。」

以上是此書日文版責任編輯的真實故事。

起初他聽完我的理論後，一臉狐疑地說：「『深度對談』是嗎？確實是個好方法，但是每個人都有生命熱忱嗎？我覺得我就沒有……」因此，我便現場實際示範給他看。

結果，他一開始毫無自覺的「生命熱忱」，最終也透過深度對話浮上心頭。為了出版容易閱讀且暢銷的書籍，受惠他人，因此選擇當上了編輯，看來S編輯也是位富含熱忱的人呢！

我想有許多人應該跟A或S一樣，說不出自己究竟對工作中懷有多少熱情，或是根本未曾察覺自己有多樂在其中。

因此，藉由深度對話，一同挖掘這份生命熱忱，不僅自己能夠從中收穫感動，對方也會因為找回真實的自我而備感欣喜，一石二鳥。

更不用說，對方還會情不自禁地喜歡上為他帶來這股悸動的你。

收集「感動瞬間」

無論是前篇提到的A先生或是S編輯，兩位皆抱持著十足的熱情面對工作，散發出各自的獨特魅力。換言之，**生命熱忱即是人們的魅力來源**。

因此，初次見面時，若在了解完對方的職業後便結束談話的話，實在蔚為可惜。相遇即是有緣，我們應當珍惜這難得的機會。所以，我才會進行深度對話，找出對方在表面談話中難以發掘（或許對方自己也未曾發現）的魅力。

只要進行深度對話，便能挖掘出對方的生命熱忱，從中收穫感動，進而欣賞對方。

「先欣賞他人，才能獲得他人的喜愛。」這點之後也會繼續向各位詳細說明。

而初次見面時的深度對話，正是一切的起點。

不過，究竟哪些事情稱得上「生命熱忱」呢？

每個人的感受不同，深度對話的話題方向、有所感觸的部分自然也會有所差異，沒有所謂的「正解」。因此，期許各位能夠**開啟「接收感動的天線」**，依循自身感受挖掘對方的生命熱忱。否則，即便努力進行了深度對話，最後也只會毫無收穫。

你的感動天線替你捕捉到的悸動，或是那些令你賞心悅目的優點或經歷，即是你從對方身上找到的生命熱忱。

從對方身上收集愈多的感動，就能愈加欣賞對方，最終也將幫助你取得對方的好感。

任何人都會緊張，放輕鬆就好

在初次見面的場合中，應該有許多人容易因為「太過緊張而說不出話來」吧！

明明和知心好友總能侃侃而談，但面對初次見面的人，卻往往不知如何是好。或許有可能是因為不了解對方，所以找不到話題，但更大的絆腳石，應該是因為「覺得對方比自己優秀，害怕自己落於人後」，所以擔心自己「因為講錯話而遭人厭惡」、「被誤會是名怪咖」，才無法好好表達吧！

其實我曾經也是如此。過去的我相當自卑，只要站在面相姣好的人，或是所謂的成功人士前面，便會緊張得開不了口。

但現在的我體悟到了一件事——任何人在初次見面的場合都會緊張。

於自然界中，如果發現一隻未曾見過的生物，卻沒有保持戒心，注意對方和自己的距離，毫無防備地接近對方，很可能會淪為對方的囊中之物，慘遭吞食。

人類也是動物的一種，因此，於初次見面的場合中受本能保護，難以立即和他人打成一片是理所當然的事情。

況且，人類的社會又比自然界更為複雜。不僅有如「獅子獵捕斑馬」一般的弱肉強食，彼此互相撻伐也是人之常情，自古以來，人類總是謹慎地辨別誰是伙伴，誰是敵人。

我想，即使我們生於現代，與戰國時代相隔甚遠，我們的身體裡依舊寄宿著這組基因。

只要把和他人初次見面時產生的緊張感，當作是自古就有的基因，為了戒備不明人士而發出警告，就能明白，緊張其實是自然的本能。

換言之，**初次見面時的緊張感，是身為人類、身為動物的我們天生具有的自我防衛機制**，是天經地義的反應。無法立即拉近和對方之間的距離，並非任何人的過錯。

因此，我們也可以這樣解讀——**無論多麼德高望重的人，和你初次見面時，恐怕也會同樣感到緊張**。

就跟你會因為緊張而組織不了文字一樣，對方也會因為緊張而變得不善言辭。

而且令人意外的是，**即便是德高望重的人，也會缺乏自信**。

也許你會因為自卑而不敢大方地展現自己，尤其在初次見面的場合上更是侷促不安，但此時只要思考，對方其實也和你一樣，便能如釋重負。

是否覺得豁然開朗了呢？

「這個人肯定也會因為緊張而變得不善表達。」

「這個人或許也意外地對自己沒自信。」

只要這麼想，或許就能稍微緩解和對方初次見面時的恐懼。

與其思考「如何討得他人欣賞」，不如思考「如何欣賞對方」

雖然本書的主旨是在教導大家如何受人歡迎，但其實，不為此處心積慮或許才是受歡迎的關鍵。

換言之，就是放開「想要討人喜歡」的心態，反而能讓你更受歡迎。

就根本而言，**汲汲營營去討他人歡心往往令人心力交瘁**，必須時常壓抑自己的想法，優先考慮對方的感受，活在遭人厭惡的恐懼擔憂裡，想方設法讓自己博得喜愛。

不僅如此，為了討對方歡心而採取的一言一行也不會真正打動對方的心，因為

對方往往能從你的言行舉止中，看穿你阿諛奉承的企圖。

即便是句讚美，只要對方察覺到你逢迎拍馬的氣息，就不會將它視為真心話，就算費盡心力向對方示好，大多也只會淪為徒勞。

而且，對方還可能因此提高戒備，認為你是否心懷不軌，另有隱情，才會阿諛奉承。

用愛情打比方或許更好理解——**「喜歡對方」肯定比「獲得對方喜歡」更為容易**。

工作上的交際也是，比起獲得同事的愛戴，自己主動愛惜同事肯定更簡單。

因此，我們必須找尋「喜歡對方的原因」。

一旦有這股念頭，自然會湧現想要了解對方的好奇心，此時，便會希望能和對方來場「深度對話」。

如同前面章節所述，實際談話後，你將會發現對方身上令你欽佩的「生命熱忱」，從中收穫感動，進而欣賞對方。最後，將這股悸動回饋給對方時，對方也會對你產生好感，因為這是你和對方深度對談後所獲得的「真實悸動」，而非為了博取好感才脫口而出的「客套稱讚」。

先欣賞他人，才能獲得他人的喜愛，這才是正確的因果關係。

奮力博取他人的好感不僅吃力不討好，成效也不彰。

相反地，主動欣賞對方，過程輕鬆愉悅，效果更是斐然。

因此，從現在起，請將設法討人歡心、渴望受人歡迎的想法，以及所有的算計全數拋諸腦後吧！

道別時表達內心的感動

某次，我在寒舍舉辦了一場聚會，邀請了作家、老闆等活躍於各大領域的好友前來參加。當時，作家中谷彰宏先生於會場中的姿態，令我刮目相看。

首先令我訝異的是，中谷先生具備豐沛的知識量，足以應付任何話題，與他人對談如流。儘管現場每個人的工作背景及興趣截然不同，會場也交織著形形色色的話題，中谷先生依舊能遊走在不同群體間，並時常成為話題的中心人物。

看到這幅景象時，我不禁想，中谷先生肯定興趣十分廣泛，平時就已吸收了大量的資訊，才能如此八面玲瓏，我簡直自嘆不如。

但最令我驚訝的，是聚會結束後，大家準備返家時，中古先生竟**一一向所有人分享對方令他感觸良深的發言，以及令他欽佩不已的經驗**。

透過對話挖掘每個人在各自人生中最珍視的事情，並不吝給予對方稱讚及鼓勵，這就是中谷先生的看家本領，實在令人折服不已！

我對中谷先生甘拜下風，大家喜歡上中谷先生的關鍵原因，肯定是因為他在道別場合上的這些溫暖舉止吧！就連我也因此對中谷先生深感欽佩。同時，我也決定像中谷先生一樣，在道別時表達對對方的賞識。

後來，我便時常模仿中谷先生，執行這套「中谷式道別絕技」。

我想，應該有許多人認為自己**不擅加入話題**，或是**跟不上話題**吧！因此對社交喪失自信的人，肯定也不在少數。

之所以會認為自己不擅加入話題、跟不上話題，即是因為懊惱在應當發表言論的時候開不了口。然而，**想要「受歡迎」，其實不一定表現得伶牙俐齒**。

前文也有提及，人會對與自己心有靈犀的人抱有好感。即使無法能言善道、構思出有趣的話題，只要能夠表示對對方的理解，就已經足具「受歡迎」的條件。

而表達理解的其中一道方法，就是在**道別時，告訴對方你從他身上獲得的感動，即便只有一句話也沒關係**，譬如：

「今天聽你說了這席話，我感觸良深。」

「能夠和你談話，我內心感到非常溫暖，頗有收穫。」

若能在幾天後，藉由訊息與對方更新後續的話更好。

「那天的話真的帶給我很大的鼓勵，讓我更有勇氣奮力一搏。」

「那天聽完你說的話後，我覺得我能更平靜地看待生活了！」

「那天晚上回家後心情相當愉悅，嘴角不停上揚，我的另一半還問我是不是遇上了什麼好事，居然笑得這麼開心。」

極端點來說，即使在對話之中不發一語也沒關係。

只要打開接收感知的天線，成為稱職的聆聽者，了解「對方重視的事情」，向對方表達自己從中獲得的感動，便能大幅提升你的印象，讓對方願意再次和你談話。

如此一來，不就獲得對方的喜愛了嗎？

一開始可能會有些生疏，但只要勤加練習，便可熟能生巧。經驗愈多，也就能愈加順手，請各位務必試試！

初次見面的目標是讓對方「願意與你再度談話」

人與人之間的距離往往難以拿捏。**尤其初次見面時，究竟該如何拉近和對方的距離，時常令人不知所措**。不僅要避免話題在打完招呼後無疾而終，也要防止自己因為滔滔不絕講個不停，提高對方戒心。

然而，**只要先確立「初次見面時希望達成的目標」，這道難題便能迎刃而解**。

那麼，若想要「獲得對方的喜愛」，初次見面時，究竟該達成什麼目標呢？

若無法讓對方留下印象，就絕對不可能獲得對方的喜愛，然而「只有打招呼」

似乎又稍顯不足。「從對方身上獲取利益」也不適合當作初次見面的目標。如果初次見面便流露出亟欲挖取情報、渴望趨炎附勢的氛圍，對方有很大的機率會對你避而遠之。只考慮自己可說是一大禁忌，請務必小心注意。

那「和對方交心」如何？若能如此或許最為理想，但難度似乎有點過高，也有可能會發生不測。譬如，**如果為了和對方交心，單刀直入地詢問對方的私事，很有可能會導致對方關上心房**。

另外，在初次見面時談論自己的失敗經驗也是禁忌之一，闡述自己的失敗經歷需要十分高超的技巧，得在特定的時機與場合，以及雙方有一定熟悉程度的情況下，才有機會成為關係的催化劑。

舉例而言，若是向無話不談的朋友坦言：「其實我在長大之後，曾經不小心大號在褲子上三次！（這不是我的個人經歷，為避免誤會，特此澄清）」對方可能會一笑置之，但如果是和初次見面的人談論這個話題，對方可能會害怕地退避三舍。

因此，我必須說，在還沒清楚掌握對方的個性及價值觀之前，不太適合立即與對方交心。

差不多該公布答案了！

我認為初次見面時最為適切的目標，是**「讓對方願意與你再度談話」**，前篇中也有稍微提及這點。

於聯誼活動中，若男生一開始就抱著「想帶女生回家」的念頭，往往會惹人生厭。相反地，不積極進攻，保留彼此的空間，讓對方願意再次見面，才會受人歡迎。

換言之，要讓對方留下良好的印象，除了要避免對話在打招呼後無疾而終，雙方最終只能淪為點頭之交以外，也切忌為了拉近距離而展開猛烈的攻勢。就像在空手道等比賽中必須遵守「寸止」的規則一樣，初次見面時稍加拿捏距離，才是最剛好的。

初次見面是讓關係（可能）繼續發展下去的第一步。

任何第一步最重要的目的，都是**「協助事情順利進展到第二步」**。

若初次見面是人際關係發展的第一步，那麼，只要彼此擁有再度談話的意願，就能成功邁向第二步。

「跟他相處起來十分輕鬆自在。」

「他似乎對我挺有興趣。」

「那個人居然注意到了這點，真令人開心。」

「真想跟他繼續暢聊下去。」

只要讓對方擁有這些想法，雙方肯定能在二次會面時依舊開心地暢所欲言！

除了讓對方願意再度與你談話之外，自己也務必收集想和對方繼續談話的原因，譬如：

「他這項特質真令我欽佩。」

「究竟是什麼樣的經歷，讓他說出這番話呢？」

「真想跟他繼續暢聊下去。」

請深入探索對方的內心，找尋令你印象深刻的事情，即便只有一件也沒關係。

2章

總是受歡迎的人「聊天時」會做的事

表達自己的「感動」，而非單純地「誇獎」

我認為，每個人之所以會展開行動，都是因為對該件事抱有「熱忱」。無論是眾所褒揚的舉動，或是不被寄予厚望的計畫，其中肯定蘊含那個人對自己、對重視的人，甚至對這個社會的熱忱。即使表面上看似是因為憤恨而採取的行徑，事實上也都包裹著某股熱忱。

每個人的內心深處都藏有這樣的生命熱忱，**透過「深度對話」，肯定能挖掘出來一探究竟**。而且，每個人都能從各自的視野獲得不同的答案。當各位發掘出對方的生命熱忱時，一定要記得與對方分享，但也請謹記避免只是單純地「誇獎」。

過去，每當有人問我是否擅長誇獎別人時，我都覺得有些疑惑。或許是我的個人偏見，我總覺得誇獎有點像是「上頭正在給予評價」。

我從來不想高高在上地評價他人，因此，我不會特意找機會誇獎別人，取而代之，我內心的念頭永遠**只有滿滿的感動**。**我單純只是希望能收穫感動，所以才會試圖尋找對方身上能夠打動我的地方**。即便對方沒有特別要賺人熱淚，也能自然而然從中收穫一些感觸。

或許有些人會認為感動有些矯情，但事實並非如此。而且，這樣的想法也並非標新立異，事實上，人類還會花錢獲取感動。

欣賞電影、閱讀小說、觀看球賽、聆聽音樂等活動都需要花錢，我們之所以願意付費參與這些活動，不正是因為期待能從中感受激昂、獲得感動嗎？

以此角度思考的話，便會發覺與他人進行一場談話其實物超所值。

排除演講及講座，聆聽他人說話不需要花上任何一毛錢，而你也只需要改變想法和對話模式，就能從中獲得感動。

況且，俗諺有云：「人生如戲，戲如人生。」真實故事的精彩程度遠超過虛構情節，比起電影和小說，更容易引起強烈的共鳴。

和他人交談能無償獲得感動，向對方回饋這股感動後，還能獲得對方的好感。說了這麼多好處，你沒理由不在和對方交談時，試圖尋找打動你的地方了吧！

避免只是單純地「誇獎」對方，而是從中汲取「感動」，並真摯地回饋對方。

只要讓自己拋開渴望給予誇獎的心態，從對話中收集感動，說出的話自然能從「好厲害！」、「真優秀！」等表面的誇獎，轉變成自身的真實感觸，例如──

「真令人甘拜下風！究竟是怎麼辦到的！」

「原來如此！不好意思，方便讓我筆記下來嗎？」

除此之外，我還發現自己會**不時點頭回應對方、身體前傾以便仔細聆聽**，甚至時常因為備感驚嘆，而冒出乍聽之下有些笨拙的驚呼，或許是太沉浸在對方的描述，才會做出如此浮誇的表情和舉動吧！

每當有人向我推薦某商品時，我也會想要立即體驗，畢竟是他人推薦，品質肯定掛保證。因此，我會在當下立刻查詢，若有能力購入，就會立即下單。

接著，我也一定會將自己使用過後的心得告訴對方，譬如：「這項商品真的很好用！」、「非常感謝你的推薦！」等等，若只是抱持著想要「誇獎」對方的心態，大概就無法給出如此真心的回饋了吧！

真誠的回應能讓對方不經意地產生好感，而一切都建立在「感動」之上。

別否定自己的私心

多半的人都懷有「私心」，即便再怎麼能言善辯，恐怕都無法掩蓋這樁事實。

我們人鐵定都會將自己擺在首位來考量事情，期望採取利己的行動，渴望獲取有益的資訊。老實說，和人相處時，要說自己毫無私心是絕對不可能的。

但重點是——**我不認為擁有私心是件壞事**。

當然，絕對不能為了滿足私欲，招搖撞騙、誹謗他人。

因利欲薰心而為非作歹絕不可取，但若是為了自我保護而懷有私欲，我覺得無傷大雅。

你是否認為，和他人見面時，必須要懷抱著一顆高尚的心呢？

和社經地位崇高、景仰已久的人物見面時，往往習慣運用花言巧語，掩飾自己渴望獲得關注的私心。

然而，這絕非上策，原因有二——

第一，花言巧語往往容易遭人識破。

第二，當你對懷有私心抱有罪惡感，而不斷責備自己時，往往無法專心聆聽對方說話。

因此，別否定自己的私心。**坦然面對私欲，敞開心扉，反而才能受人歡迎**。

當你擁抱自己的私心時，便可以放鬆心情，用心聆聽對方說話。而且，你也會為了滿足私欲，燃起一番熱情，更加專注傾聽。

當你展現出這樣的姿態時，對方也會對你留下良好印象。

最重要的一點，**當你燃起熊熊的私心，真摯地傾聽對方時，將會不禁被對方打動**，感染對方身上散發的光彩，原先「熊熊燃燒的私心」，最終將化成耀眼的「光芒」。

若不坦然面對自己的私心，便難有這樣的轉變。

因此，唯有接納自己的私心，才能放鬆心情，保持熱情與真誠，用心傾聽對方。

我和竹田和平先生初次會面時也是如此。

難得能和「日本第一大投資家」見面，我想無論是誰，肯定都會希望藉此打聽即將上漲的股票名稱，或是請益賺錢的絕竅吧！

我懷著這股熊熊燃燒的私心，興致勃勃、專心致志地傾聽和平先生的一字一句，聆聽他對世人的關懷、對社會的看法。談話下來，我完完全全著迷於他那高尚的品性。原先熊熊燃燒的私心，最後也化成了一道耀眼的暖光。

之後，和平先生詢問我有沒有意願擔任接班人，能夠接下這份任務，實在是始料未及。我想，若不是因為當初我懷有私心，專心聆聽和平先生說話，或許我就無法獲得這難能可貴的機會。

我發現，不僅是面對和平先生，當我在和其他人來往時，也都是先懷有不正當的私心。而這股私心帶領我去認識、欣賞對方，經年累月之下，才建立起現在的交友圈。

原先熊熊燃燒的私心，在交談之中往往能因為感動而化作耀眼的光芒。接納自己的私心後，將更容易從對話中獲得真摯的感動，同時也能幫助你受人歡迎。

接納自己的真實情緒

前篇提及，接納自己的私心能夠幫助你受人歡迎。這是因為，**先「喜歡自己」，再「喜歡他人」，才能建立起良好的人際關係**。

雖說，若無法對一個人抱有好感，甚至從他身上找到「欣賞的地方」，即使得到對方的喜愛，依然難以建立良好的人際關係，但是，你必須先懂得欣賞自己，才會遇上這則煩惱。因為無法欣賞自己的人，肯定不會受人歡迎。

那麼，**該如何喜歡自己呢？**

我認為，不僅是要擁抱自己的私心，還得完全接納自己的所有優缺點及善惡思想。每個人都有不同的思想與情緒，其中，肯定有無法向外界大肆宣揚的面向，我也不例外。

性格愈是耿直莊重的人，愈可能會為了成為大家眼中的「好人」，而否認自己的真實感受。然而，這樣的行徑只會適得其反。

為了讓自己受歡迎，一再強迫忍受討厭的事情，最後反而會因此開始厭惡自己。如此一來，不僅難以討人喜歡，也會麻痺自己的情感。

時常有人稱讚我總是眉開眼笑，也總能找到生活中的感動。我想，我之所以能帶給他人如此的印象，大概是因為**我能夠包容自己的「不滿情緒」**吧！

一旦勉強自己持續做著討厭的事，心靈將會逐漸空洞。而忍耐也會讓烏雲遮蔽我們的感知天線，麻木我們的感受。

如此一來，就像在陰天的晚上難以看見月亮一樣，即便和優秀的人相遇，也難以從他人身上收穫感動。

我們無法即刻杜絕所有討厭的事情，因此，我們必須練習包容自己的「不滿情緒」。

先從接納自己的真實情緒開始！

請讓自己成為自己推心置腹、義氣相挺的摯友吧！

如此一來，原本遮蔽感知天線的烏雲便會逐漸散去，你將能靈敏地察覺生活的美好，宛如身處萬里無雲的夜晚，皎潔的月光直灑心頭。

而在遇見優秀的人時，你也能真實感受到內心的悸動。

找尋對方值得學習的優點

前篇探討了接納自己真實情緒的重要性。只要能夠包容自己所有的思想與情感，原本烏雲密布的心便能重見天日，感知天線也將因此變得更加敏銳，讓你能夠真切地感受到生活中的悸動。

當你的心做好這些萬全準備後，請練習懷著謙虛學習的態度與他人相處，思考自己**「能從對方身上學習什麼」**。

我們每個人都擁有白魔法與黑魔法。

而我們的個人意識決定了我們施展的魔力。

若能抱持著「渴望向對方學習」的態度與他人相處，你會發現對方其實是「值得看齊的厲害人物」。

相反地，若你抱持著「對方無可取之處」的想法與他人相處，你便只會認為對方是「無處值得效法的普通人」。

而且，無論周遭如何評價這個人，都無法輕易改變你對他的讚賞或負面印象。這正因為你施展的白魔法和黑魔法奏效，讓你對一個人產生既定的看法。

不過，若你已懷著善意與對方相處，卻仍無法對他抱有好感，本能地想要避開，那正是你內心的感知天線對你發出警訊。此時，建議聽從直覺，明哲保身。

前文不斷使用魔法來比喻，其實，這道魔法指的就是**「先入為主」的想法**。

抱有先入為主的想法往往被視為是件壞事，但**如果這則先入為主的想法是正向**

且大有裨益的，不妨多多益善。譬如，先入為主地認為「每個人身上都有值得學習之處」，並以此心態與他人來往，反而能幫助你建立良好的人際關係。

因此，無論是和陌生人初次見面，或是與他人再次會面的場合，我都會笑臉迎人，思考「自己能從對方身上學習什麼」，**抱持著「對方值得我多加效法」的先入為主心態與對方談話**。

有時，我會主動詢問對方的職業，藉此深入了解對方；有時則是在交換名片、他人引介的場合下，以工作話題為切入點，和對方展開深度對話。儘管與每個人相識的情景各有不同，但只要能抱持「渴望向對方學習」的心態，無論處於何種情境，都能輕鬆展開對談。

當然，我們也需要充分的練習，才能順利與他人展開對談，我也不例外。

有時可能會無法接住對方的話題，導致對話畫下句點，有時卻又能暢談無阻。

只要從這些「實戰經驗」中慢慢掌握關鍵技巧，就能跟大多數人相談甚歡，並從中獲得感動。

聽到「練習」這兩個字，或許會讓你覺得有些厭煩。其實，我之所以願意多加練習，是因為我曾經聽說：**「對每個人都充滿好奇心是有錢人的共通點」**。

只要對別人抱有好奇心，並積極從對方身上找尋值得學習的地方，便能拓展自己的交友圈，也將讓自己更有機會成為有錢人。這就是我展開練習的最初動機，並非出於正派高尚的理由，純粹只是因為內心懷有一股私欲——「只要對他人抱有興趣，就能成為富翁」。

因此，我才會在前文告訴各位，務必接納自己的私心。

在建立人際關係時，**應該以自己為出發點思考最初的動機**，為他人帶來歡笑、幫助別人等利他的舉動，都只是這股動機帶來的結果。

於二次會面中與對方暢談無阻的技巧

我想應該有許多人認為**二次會面比初次見面更為棘手**吧！

我非常能夠感同身受。初次見面時，即便只是聊聊工作、興趣、家鄉等簡單的基本資訊，依舊能締造良好的談話氛圍，但到了二次會面時，往往容易突然冷場。

不僅缺乏勇氣詢問更深入的個人資訊，也找不到可以深度對談的議題，但漫無目的地閒聊似乎也了無生趣……

我想每個人應該都擁有和二次會面之人度過尷尬時光的不堪回憶。

然而，明明有機會和對方再次談話，卻落得如此窘境，豈不是太可惜了！

二次會面可是比初次見面更容易與對方締結深厚的情感關係。因此，請務必藉此機會積極和對方展開對話，與對方交好。不過，究竟該怎麼做呢？

大家是否記得第一章的「深度對話」呢？

其實只要在初次見面時和對方進行深度對話，積極找尋對方的生命熱忱，幾乎就能化解二次會面時容易遇上的尷尬局面。

因為當你在深入對談的過程中挖掘出對方的生命熱忱時，會不自覺深受感動，這份悸動也將一直留存心上，自動替你開啟感知的天線。之後，當你耳聞相關的話題，你便能迅速聯想到對方當天說過的話。過往明明未曾留意過的事，卻在天線開啟後，敏銳地捕捉之前的話題。

如此一來，就不必為二次會面時缺乏話題感到困擾了。

由於初次見面時開啟的天線幫助你接收到了許多相關資訊，此時，只要將這些資訊分享給對方，就能自然而然展開對話，譬如：

「你上次不是提到某件事嗎？之後，我剛好在雜誌上讀到一則文章正在討論，立刻聯想到你！」

「上次與您會面之後，我認識了〇〇〇，似乎與您同行，您是否認識呢？」

自己說過的話居然能被別人牢牢記得，我想無論是誰都會備感欣慰。

話說我高中時常去的那間髮廊，裡面的造型師除了會在客戶資料上記錄燙髮、染髮等客戶過往預約的服務外，還會詳細紀錄與客人談天的內容，作為下次客人來訪時的聊天話題參考。

大部分的客人至多一個月去一趟理髮廳，儘管間隔這麼久的時間，自己長期指定的造型師還能記得上次的談天內容，客人肯定會驚喜不已。

另外，日本前首相田中角榮先生也曾經表示，自己會謹記每位支持者的家庭成員及年紀。

要是如此名聲顯赫的政治家哪天突然慰問我：「請問你家二兒子大學入學考試還順利嗎？真是可喜可賀！」光是如此，就足以令我感動萬分，願意繼續支持。

再舉一則我的親身經歷。之前，我在父親的公司幫忙時，建議員工們見完客戶後**立即書寫將於數個月後寄出的後續追蹤信件**。

於會面客戶的數個月後寄送追蹤信件是商業上的常態，但究竟能否抓住顧客的心，則取決於信件的內容。

當時的我希望員工避免參照制式的商業書信書寫結尾，而是挑選會面當天一兩則值得向對方道謝的事情，於文末誠懇致謝，例如：

「上次準備打道回府時，突然下起傾盆大雨，令我措手不及。非常感謝您即時借我一把雨傘，解救我的燃眉之急。我會將雨傘晾乾後妥善保管，下次拜訪貴公司時帶去歸還給您。」

「上次拜訪貴公司時，天氣格外炎熱。非常感謝貴公司特地準備冰涼的麥茶，其沁涼美味我至今仍難以忘懷。」

當時我的目標，是希望客戶感受到我們謹記所有細節的用心，進而願意成為我們公司的忠實顧客。

而達成此目標最好的方式，就是趁記憶最鮮明時立刻記錄下來。因此，我希望員工避免等到數個月後準備寄信時才開始撰寫，而是在見面當天就先擬好內容。

儘管以上兩則是不同行業的案例，做法也有所不同，但其核心思想都是**希望能**

告訴對方：「我有將你的話放在心上」。

謹記細節，令對方受寵若驚，進而加深對你的好感，能夠幫助你建立起良好人際關係。若在初次見面時，就已經和對方進行深度對話，開啟感知天線的話，自然而然能達成此目的。

若你已經開啟感知的天線，只是不放心自己的記憶力的話，也可以參考前文提及美容院的作法，將自己在深度對談中從對方身上挖掘出的生命熱忱，以及自己備受感動的部分記錄下來。前文提及，我們可以從「深度對話」中收集感動瞬間。

雖然這麼做主要是為了讓自己喜歡上對方，進而獲得對方的喜愛，但其實還有一則功效，就是幫助你**找到「未來見面的談話主題」**。換言之，利用「深度對話」從對方身上發掘感動，不僅能幫助你於初次見面時在對方心中留下良好印象，還能於二次會面時協助你找到話題，提升對方對你的好感。

不吝於給予反應

我們無法剖開我們的大腦（以及心靈）供他人讀取，因此**於會話中，務必確實給予對方回應**。

我們人類愈是欽佩對方、愈是被對方深深打動，反而愈不敢直接透過表情和動作表達內心的激昂。譬如，於我主持的座談會中，會在問卷回饋中洋洋灑灑寫下長篇感想的往往是現場反應冷淡、令我擔憂是否理解講座內容的人，而非當場立即給予熱烈回饋的人。

然而，**於當下積極給予反應效果會更佳**。畢竟難得與人會面，也從中獲得了啟

發，若不向對方確實表達自己的感動，反而容易錯過讓人喜歡自己的機會。

請各位想像一下**「漫畫」**中常見的浮誇台詞、富含張力的肢體動作與表情，以及足具代表性的效果字。

漫畫可說是反應詞彙的寶典，這些詞彙可是漫畫家不厭其煩地鑽研，思索如何將角色的心境有效地傳遞給讀者後，才躍然紙上的。

雖然並非要大家完全仿照漫畫上的誇張反應，但只要聆聽對方說話時，稍微帶點「漫畫般的表現」，就能擺脫僵硬的身軀，透過表情、肢體動作和簡單的附和，輕鬆向對方傳達自己的感動。

若覺得模仿漫畫有些困難的話，可以先練習**「大力點頭」**。**光是這麼做，就能帶**

來不同的迴響。

點頭的同時，若能順勢發出讚嘆，效果更佳！

接著，抱持著好奇心進行深度對話，帶著「學習」的心態向對方提問，更能加深對方對你的好感。得先**不吝於給予反應**，才有機會收穫這些成果。

若你發現自己站在他人面前時，肢體和表情容易不自覺感到僵硬，無法自然地給予回饋的話，依舊要鼓勵自己將內心的悸動傳遞出去。

逐漸地你將愈來愈擅長給予對方回饋，自然向對方傳遞自己的感動。

拋出對方有興趣的話題

我想，恐怕沒有人會將對溝通束手無策的人與「才思敏捷」畫上等號吧！這樣的人不僅在與人對話時容易因緊張而詞窮，也難以融入他人的談話裡。現在正在閱讀這本書的讀者，肯定多半也都是這樣子的人吧！而且，就算想擺脫不擅言詞的個性，變得伶牙俐齒，也往往力不從心。

其實，**比起「聽他人說話」，人們更希望「別人能聽自己說話」**。除非是有益自己或格外生趣的話題，否則比起聆聽，人類更渴望表達自己。

因此，如果你本身就不擅表達，與其勉強自己成為能言善道的人，不妨當名善

於傾聽的人。擁有善於聆聽的特質，反而能在人際關係中獲得物超所值的回饋。

成為一名優秀聆聽者的方法十分簡單。

若長久以來，你一直對對方懷有某道疑問，那就試著拋出來詢問對方看看。只要對方接起這道話題，就能順勢展開對話，也就有極高的機率能夠藉此加深對方對你的好感。

此外，其實還有一個事半功倍的方法。

那就是**拋出對方「有興趣的話題」**。

若你不知從何下手，現今網路無遠弗屆，每個人幾乎都擁有社群帳號。社群網站基本上就是個讓人分享意見及想法的地方，只要查看對方的社群，就能大致了解對方近期正在思考的事情以及熱衷的興趣。

因此，只要在和對方見面之前，到對方的臉書（Facebook）、Instagram以及推特（Twitter，現稱為X）查看對方近期的發文，就能立即找到話題素材。

總結來說，建議各位可以**在和對方見面前事先查看對方的社群帳號，養成為談話做準備的習慣**。

如果於聚會中偶然遇見景仰已久的人物，也可以採用相同的策略。只有簡單打聲招呼無法在對方的腦海中留下深刻的印象，也就無法讓關係更進一步。因此，前去和對方搭話之前，請先用手機迅速查看一下對方的社群帳號，到時，就能以其中的內容和對方展開話題，例如：

「話說，您之前在社群網站上有提到某件事，如果方便的話，不知道能不能請您跟我分享詳細的情節呢？」

之前，我恰巧有幸能與一位慕名許久的人見面。會面前，我也地毯式查閱了對方的社群帳號貼文，從中找尋話題。當我拋出這些話題後，對方果不其然熱情地予以回應，當時的我也化身為反應大王，積極地回饋對方。明明是第一次見面，結果卻一口氣聊了整整8個小時，一夕之間拉近了不少距離。

類似的成功經驗不勝枚舉，對我來說，社群網站除了是自己發聲的舞台、查看親友近況的媒介以外，更是「找尋話題」的工具。

令人意外的是，明明這道方法如此簡單，卻似乎沒什麼人實際付諸行動。若對方有在經營社群帳號的話，不妨試著從中蒐集與對方聊天的素材，既簡單又方便。

比起「利用他人」，「讓自己派上用場」更能增進關係

若以「利害得失」來衡量人際關係，往往容易引發「利用他人」的心態。最終，可能導致自己根據「對方帶來的好處多寡」，選擇結識對象，決定交情的深淺。

然而，這麼做其實得不償失。過度在意利害得失，不僅會在交際中變得錙銖必較，人生也會愈活愈狹隘，這樣的生活怎麼會幸福呢？

再者，假使對方突然向你提及自己的夢想與目標，而我們只是簡短地祝福對方美夢成真，就此結束話題的話就太可惜了，因為這可是讓關係更進一步的大好機會。

若你喜歡、憧憬、讚賞這個人，渴望拉近與他的關係，當他向你吐露夢想和目標時，不妨思考一下自己「有沒有什麼能夠幫上忙的地方」。即使沒辦法提供專業知識或特殊技能，肯定也有其他可以協助之處。

光是這樣簡短地告訴對方：

「其實我有相關的技能，也許能夠幫得上忙。」

「太好了！如果有什麼可以幫得上忙的地方，請務必告訴我！」

就足以加深彼此之間的情感，你的世界也將因此更為開闊。

比起「利用他人」，「讓自己派上用場」更能增進關係。若能夠試著為他人付出，不僅是人際關係，就連人生也將會因此蛻變成出乎意料的精彩模樣。

訊息聊天的小撇步

近期，已經愈來愈多人使用LINE、Messenger等通訊軟體與他人聯繫，而非直接撥打電話。因此，也自然而然衍伸出一些傳送訊息的禮儀與淺規則。

除了遵守常見的禮儀與規則之外，忘記從何時開始，我還養成了**傳訊息時附上一張照片**的習慣。

舉例來說，如果我提早抵達碰面地點，我會在告知對方的同時，隨手附上一張周圍景色的照片。若我貌似會遲到，我則會在向對方道歉並告知預計抵達時間後，附上一張當下位置的照片，例如現正停靠的車站、正在停等紅燈的路口等。

或者，當我和某位好友一起出門時，我也會傳訊息告訴我們的共同好友說：「今天我們一起出門！改天我們三人再一起出來聚聚吧！」隨後附上我們兩人的自拍。

若問我為什麼要這麼做，我似乎也回答不出一個明確的理由，只是覺得**附上一張照片更能傳達我現在的心境**，避免只有文字訊息容易顯得過於單調，讓對方備感疏離。

而且，現在已經和過去必須謹慎計算電話費的日子大相逕庭，如今，電信公司推出的資費方案讓我們能夠隨心所欲使用網路，手機也都有內建相機功能，於聊天中附上一張照片簡直輕而易舉。

生活在如此便利的時代裡，何不試著附張照片，豐富文字訊息呢？

另外，還有個極為簡單的方式，能夠避免對方覺得自己冷漠疏離，那就是**多加使用「驚嘆號」**。

過往，在和不熟的人訊息聊天時使用驚嘆號極為失禮。然而，現今已經有愈來愈多人使用驚嘆號，即便是在商業書信或正式訊息中也都能看見它的身影。「使用驚嘆號」儼然成了頻繁使用文字訊息溝通的年代中，顧慮對方心情的一種貼心舉動。

訊息聊天往往有別於精彩豐富的手寫信，讀起來枯燥平淡、缺乏情感。

那麼，**究竟該如何透過文字訊息讓對方感受到自己的「真心誠意」呢？**

其實是否願意花點心思豐富文字訊息，將影響自己在他人心中的印象。

除了清晰地表達訊息之外，運用一些技巧裝飾文字，傳遞自己的心境，肯定能提升對方對你的好感。

3章

總是受歡迎的人「交際時」會做的事

如何輕鬆面對「討厭卻又必須來往的人」

於私人生活中，你可以選擇只和喜歡的人來往，但是於公司職場上，有時卻必須和討厭的人交涉。

光是想到討人厭的上司、煩人的客戶，就令人愁眉莫展、鬱鬱寡歡。

我也曾經當過上班族，能夠理解這份痛苦。不過後來，我找到了解方，讓我能夠輕鬆面對討厭的人。

其實，再怎麼討厭的人，都並非一生下來就惹人嫌棄。

每個人呱呱墜地的時候，都還只是天真無邪的小嬰兒。這些人之所以在長大後變得如此惹人生厭，是因為在成長過程中遭遇了某些事情，迫使他改變個性。

也許這個人在幼童時期時曾經心靈重挫，因而性格大變，才會做出無理取鬧、四處頂撞的行為。

又或許這個人的父母相當嚴厲，從小便亟欲父母接納自己，然而，卻始終得不到認可，只能帶著這份疏離與孤獨，滿懷孤寂地長大。

當你遇到討厭的人時，不妨試著找尋對方內心那位惹人憐憫的小孩。無須追究真相為何，即便只是自行想像也沒關係。

縱然是中年大叔大嬸做出令你無法忍受的行為，你也都可以試著把他們想像成五歲小孩，正因寂寞而放聲大哭，或因為過往的傷痛才性情驟變，做出失控舉動。

轉變想法後，是否感覺內心湧出一股惻隱之心，願意溫柔地接納他們了呢？

看到孩童哭泣時，我們肯定會前去安慰他；遇見過於寂寞而四處胡鬧的孩子，我們肯定也會給予他溫暖的懷抱，安撫他的情緒，告訴他們：

「沒事的，在哥哥面前，你可以卸下武裝。」

「沒事的，姊姊知道你已經很努力了！」

當然，你現在面對的是一名大人，不必真的對對方說出這些話，也無須真正擁抱對方，敬請放心。

只是**當你把對方視為五歲小孩後，會變得格外溫柔**，對方也會無意中感受到你的溫柔氣息。人與人之間是互相的，因此，對方也將願意用同樣方式回應你。

換言之，當你溫柔地接納對方，對方也會願意溫和地對待你，彼此的相處也就變得輕鬆愉快。

此外，還有一項十分有效的方法，就是「**展現對對方的理解**」。花心力理解討厭的人或許令人排斥，但這確實能讓兩人的相處更為自在和諧，不妨參考看看。

向各位分享一則親身實例。

以前，我有位上司非常討人厭。他總是對上層主管鞠躬哈腰，對下屬張牙舞爪，如同《哆啦A夢》裡的小夫一樣欺善怕惡，所有的下屬員工都對他避而遠之。

我曾經也看他十分不順眼，不過有天，我突然想：「身為中階主管的他肯定也有許多為難之處，想必也吃了不少苦頭。」因此，我對他說：

「你真是令我刮目相看！雖然你總是對下屬說些刺耳的話，但其實是想督促大家成長吧！換作是我，肯定會害怕被下屬討厭，而不敢責備下屬。我覺得你能不畏下屬的厭惡，積極給予指教，相當有魄力！」

此時，上司忽然皺起臉來，一面啜泣一面對我說：「太令人感動了！只有本田先生你對我這麼說。」

後來，該名上司只對我一人和顏悅色，大概是因為我表現出對他的理解，讓他安心地認為，即使不責備我，我也能夠明白他的心意。

這也是因為**我們會利用「對方了解自己的程度」來評判「兩人的交情」**這股心理作用奏效的緣故。

當人們感覺到對方釋出善意，試圖深入理解自己時，也會願意同等地善待對方。因此，只要向「討厭卻又必須來往的人」表示對他們的理解，就能讓兩人之間的相處變得更為輕鬆自在。

與自己正向對話

與自己相處的模式其實深切影響著與他人共處的方式。

若對自己尖酸刻薄，將會同樣地咄咄逼人。相反地，若能溫柔待己，將能和顏悅色待人。

因此，**如果想要與他人保持良好溝通，最佳捷徑就是改善與自己的對話方式**。

具體而言該怎麼做呢？

眾多方法之中，最具效果的就是**「鼓勵自己」**。

最常見的作法，即是在順利完成任務後稱讚自己。不過，我更希望各位在遇上

瓶頸時，多嘉勉自己的努力，慰勞自己的辛勞。

人生不可能一路順遂，常常會拚命投入工作卻毫無斬獲，竭盡心力卻得不著成果。更糟的是，遭遇挫折時，偏偏無法獲得旁人的讚賞，也難以尋得他人的慰藉。但是，努力過的痕跡並不會隨著成敗而泯滅，因此，請大肆為自己喝采吧！

換言之，**請成為自己的「溫柔上司」**。儘管遭遇瓶頸，仍要慰勞在過程中努力拚命的自己。當你扮演自己的溫柔上司，這份和氣將反映在你與他人的相處之上，也能同樣地溫柔待人，而**你待人處世的姿態，同時影響著他人待你的態度**。總的來說，當你開始鼓勵自己，最終也會幫助你建立起「相互鼓勵」的良好人際關係。

當你學會鼓勵自己，並開始能夠激勵他人，從而獲得他人的讚賞時，你便能**逐漸認同自己的優點**。

而且，當你獲得他人稱讚後，若能欣然接受對方的稱讚，而非過度謙卑，更能加深你的自我認同。或許因為「謙虛」一向被視為美德，許多人在獲得稱讚時，往往會極力否認，儼然成為一種必要的客套表現。縱然只是口頭上否認他人的讚賞，**說出口的話仍會直接影響自己**，反而變相否定了自己值得讚揚的優點。

如此一來，便會在單單為了展現謙虛而否認對方稱讚的過程中，逐漸失去發揮一技之長的機會，最終掩蓋了自己難能可貴的才華，豈不是太可惜了嗎？

相反地，若養成「鼓勵自己」的習慣，就能遠離這道惡性循環。

只要在遭遇瓶頸時多加鼓勵並慰勞自己，就能獲得意想不到的收穫。

當你懂得欣賞自己時，也將會更善於稱讚他人，進而獲得他人的讚賞。若又能欣然接受對方的褒揚，就有機會一展長才，未來，你也將收穫更多嶄新的機會。

在賦予機會之人的眼中，總是抬頭挺胸、心存感恩的人，無疑比缺乏自信、垂頭喪氣的人更加光彩奪目，兩種人高下立見。

因此，請練習與自己正向對話。如此一來，不僅能改善與他人相處的模式，還有機會遇見知心伯樂。

寫下各種關係的理想狀態

「人際關係」看似是指與他人之間的關係，但其實與自己有著密切的關聯。換言之，你如何對待自己，其實深切影響著你與他人的相處模式。前篇提及的「鼓勵自己」即是此道理。

不僅如此，**你「心中期許自己成為的模樣」**，也同樣影響著你與他人的關係。

我在30歲時曾經列了一份**「理想朋友列表」**。

一切要從剛滿30歲的我謄寫TSUTAYA會員資料表的那一刻說起。當時，我還沒意識到自己又年長了一歲，差點直接在年齡欄填上「29歲」。回過神時，才想

起自己已經邁入三開頭的年紀，內心忽然一陣惆悵，一面在年齡欄填上30歲，一面哀悼青春的逝去。現年49歲的我回過頭看，肯定會覺得30歲仍舊相當年輕，但當時的我滿腦子認為自己已經不再青春，正式加入了大叔俱樂部，更為此有些喪志。

即便如此，邁入30歲的我依然下定決心，心想：**「我並不想就這樣被時間打敗，該怎麼做，才能將內心這股邁入30歲的淡淡哀傷轉換成正能量呢？對了！不如來結交許多和我年紀相仿的朋友吧！」**

因此，我思索著心目中同齡朋友的理想模樣，最終寫下了這份「理想朋友列表」。

我將此列表命名為「三十歲榜樣」。當時的我對「吸引力法則」還不慎了解，只是心想，古人有云：「物以類聚，人以群分。」我希望自己能仿效「三十歲榜樣」中列出的人物，成為一名優秀的人。

而我也真的因為這份列表結識了許多摯友，承蒙他們諸多的提攜與照顧。

人與人之間的關係分為許多種。

若想要與人建立良好的關係，可以試著先寫下心目中各種關係的理想模樣。嘗試思考：「如果今天面對的是自己，會希望自己是個什麼樣的人呢？」

如果想和主管建立良好的關係，則寫下「理想下屬」的模樣。

如果想和下屬建立良好的關係，則寫下「理想主管」的模樣。

如果想和同學建立良好的關係，則寫下「理想同學」的模樣。

如果想和朋友建立良好的關係，則寫下「理想朋友」的模樣。

如果想和伴侶建立良好的關係，則寫下「理想伴侶」的模樣。

書寫下來後，便能確立行動目標，一步一步朝著理想的模樣邁進。

既然稱作「理想」，即便沒有立即達成也沒關係，請享受在追逐理想的過程之中。無須責備自己尚未達成目標，而是勉勵自己已經走在正確的道路上，逐漸迎接蛻變羽化。

或許有讀者已經察覺，多加勉勵自己，即是在和自己正向對話。因此，**請多加鼓舞自己，避免過度自責；肯定過程中的努力，避免執著成敗。**

正如前篇所述，只要與自己溫柔對話，便能同樣地溫和待人。如此一來，對方也會釋放善意，雙方便能建立起相互勉勵的關係。

當你愈接近自己的理想模樣，彼此的情誼自然也會愈加深厚。

寫下各種關係的最糟模樣

我們也可以採取和寫下理想模樣相反的方法。

如果腦海構思不出精確的理想模樣，也可以**反過來寫下「最糟情況」**。

其實我也曾經實際試過這套方法。

在我就任竹田和平先生旗下公司的社長時，公司雇有多名員工，身邊也有眾多共事的團隊伙伴。能否和員工及伙伴維持良好的互動，與公司的業績息息相關。

當時，和平先生特別叮囑我：「讓員工願奉獻一生為你工作，可是你身為社長最大的職責。你是否能感化公司的員工呢？」

起初的我手足無措。

「我足以令員工們心甘情願為我奉獻生涯嗎？」

「究竟該如何和員工們建立良好的關係呢？」

「怎麼做才能成為一名善於提拔員工的社長呢？」

最終，我決定先成為一名「討人喜愛的社長」。為此，我反過來列出「糟糕透頂的社長」具備的特徵。

我已經想不起當時寫下的所有內容，只依稀記得自己列出了「搶奪功勞」、「推卸責任」、「不分青紅皂白就否定下屬」、「強迫員工採納自己的見解」、「命令員工長時間加班」、「經常大發雷霆」等劣行。

接著，我便以此為鑑，避免自己做出這些惡舉。換言之，即為「不搶奪功勞」、「不推卸責任」、「傾聽下屬的意見」、「不強迫員工接納自己的見解」、「不要求員工長時間加班（即便自己加班，也要讓下屬早點返家）」、「不大發雷霆」等等。

我督促自己一步步達成這些目標，因此和員工建立了良好的互動關係。甚至在業界的聚會中，某名員工接受表揚時，還含淚向我致謝。

比起正面形象，人們對負面形象的記憶往往更為強烈。其實，只要實際在職場上遇過討人厭的主管，或是看過《半澤直樹》等電視劇中「惡劣主管」的典型模樣，多少都能列出幾項他們身上擁有的特質吧！

懂得善用負面想法，也能為自己帶來益處。請盡可能地列出各種關係的最糟情境，找出自己應當避免的惱人行徑吧！

如何友善指導下屬

過往，我總是認為主管和下屬抱有的煩惱應該不相上下。但近年，我發現主管擁有的煩惱反而更為棘手。

主管往往背有領導下屬的職責，然而，應該有許多主管百思不解，**究竟該如何指導下屬、和下屬對話，才不會構成職權騷擾呢？**

我想，或許我能根據過往擔任上班族及社長的經驗，提出一些解方。

無論是在我父親的公司任職，或是在和平先生的公司擔任社長，我皆時時警惕

自己務必尊重下屬，多給予下屬幫助。至今，我也如此鞭策自己。

具體而言，有三大要點。

首先，第一點，**在給予意見時，務必以「我想提點建議，希望對你有益」為開頭，並以「你覺得如何呢？」作結**。

在主管和下屬關係中，主管提出的建言與指教往往容易被下屬當成「斥責」或「否定」，也容易讓下屬誤以為「主管正在進行施壓」，進而關上心房，這樣反而無法有效發揮團隊合作的精神。

我剛剛舉出的兩句話，便能有效避免這樣的情況。

以「我想提點建議，希望對你有益」為開頭，便是在暗示下屬：「接下來的建言並非指責或否定。」而以「你覺得如何呢？」作結，則是在告訴下屬：「我並非強迫你接納我的意見，而是把你當成團隊的一員，尊重你的想法。」

當下屬領受你的建議時，便微笑回應：「很開心能幫上忙。」若感覺對方尚未理解，也請以委婉的態度再次說明，並致上歉意：「不好意思，可能我沒有表達清楚，其實我的意思是……」

或許你會疑惑，身為主管何須如此低聲下氣，事實上，**我們本來就應當將下屬視為團隊中的一員，且採取委婉的態度，才能將自己的想法清楚地傳遞給下屬。**

接著，第二點，**在指導下屬時，請將下屬想像成過往的自己。**

每個人都當過菜鳥，當自己還是公司新鮮人時，碰上頭一次遇到的事情，肯定會手足無措，或是遭逢失敗。

在指導下屬時，如果能把他們想像成當初的自己，便能大幅減少作為主管容易帶給下屬的壓迫感。

舉個例子，我們可以溫柔地對下屬說：

「這份工作進展不順嗎？我能理解。我當初也是試了好幾種方法，仍舊毫無斬獲，最終以失敗收場，被痛罵了一頓，相當挫折。不過，當時的前輩教導我一些方法，只要這麼做，就能順利解決囉！」

請避免以居高臨下的態度指正下屬，而是懷著一顆包容的心提攜指教。畢竟，當我們還是新人的時候，也會因為同樣的事情受挫。若能想像自己正在和過往的自己對話，就能避免讓下屬感覺自己遭到上司壓迫。

最後，第三點，**運用「提問」激發下屬思考**。

例如，在專案會議等場合中提出疑問時，即便內心已有答案，也避免急於發表自己的意見，而是先詢問下屬：

「我希望能達到此成果，你們覺得該怎麼做呢？」

如此一來，自然能促進下屬們彼此互相討論激盪，獲得他們精彩的提案。接著，務必大力讚賞他們的想法，採納他們的提議。

這就像是**在足球的球門前，故意將球射偏並摔倒在地，讓部下接過球後踢出精準的射門，享受勝利的喜悅**，換言之，即是將功勞讓給下屬。

當然，溝通時難免會有所出入。

工作發生問題時，重點在於化解危機，所以即便下屬無法提出自己理想中的做法也無妨。不過，如果下屬的提案頗具爭議，則務必予以指正。

此時，依舊不要急著給予解答。

而是利用提問循循善誘，譬如引導下屬，說：**「嗯……這確實是一種解法，雖然**

想法不錯，但是不是能稍微往這個方向修正一下呢？」

和平先生其實也常常透過提問激發我的想法。

和平先生絕對不會頤指氣使地向我說明自己的想法，而是一再詢問我：「我希望能達成此目標，小晃你覺得該怎麼做呢？」

親自找出答案往往最具收穫。若輕易就能得到他人的解答，學習效果往往不如預期，絞盡腦汁後淬煉出的體悟，反而才能成為終身受用的資產。

因此，和平先生才常常透過提問引導我。成為主管後，我也實際將這套方法學以致用，我想，這才是提拔他人的基本道理。

遇見的每個人都是導師

與他人交流時，我並不會在意對方的年紀。

因為**無論是長輩或晚輩，都有值得學習的地方，也都同樣令人尊敬**。每個人都是自己的「導師」，無論男女老幼，都值得我們虛心請教。

請各位簡單想像一下，假設能和多年前的自己見面，是否會覺得現在的自己能夠教導當時的自己許多事情呢？

換言之，**令人景仰的長輩無疑是一座豐富的學習寶庫**。他們可是在這世上比我們多打滾了幾年，肯定是值得我們虛心請教。

而**傑出的晚輩也不會因為年紀輕就黯淡無光**，因此，當我和晚輩初次見面時，依然會使用敬語。

若因為自己身為長輩而驕傲自滿，錯失了向他人學習的機會，實在謂為可惜。唯有拋開年齡的束縛，欣賞他人優點，才能豐富自己的人生。

尤其在這瞬息萬變的時代，曾經風靡一時的事物，幾年後就會被全新的潮流取代。坦白說，將近50歲的我，已經無法緊跟世界的流行腳步。

此時，我就需要年輕人的幫助。

我需要他們告訴我在這變化莫測的時代中，現今的流行趨勢為何。面對自己不擅長的領域，把晚輩當成老師，虛心請益，才能不斷成長。

介紹雙方認識的技巧

每個人在各自的人生旅途中，都會結識形形色色的朋友。**介紹友人給他人認識，或是接受他人的引介，皆是在共享獨一無二的資源**。在介紹朋友互相認識時，雖然無需太過嚴肅，但仍須小心謹慎。因此，我想根據自己過往的觀察，向各位分享一些介紹朋友認識時，雙方皆能開心自在的技巧。

若要說我身邊最擅長引介朋友的人，第一個想到的肯定是山崎拓巳先生。

每當我主辦的聚會中有人落單，獨自待在角落時，拓巳先生都會立即上前，主

動為他介紹朋友。

拓巳先生的引介方法也十分令我欽佩，他不僅會滔滔不絕誇讚雙方的優點，還會運用說話技巧，譬如告訴雙方自己早就想介紹彼此認識等等，來活絡談話氛圍。當雙方順利展開對話後，拓巳先生便會抓緊時機悄然離去。

看見拓巳先生這般身影，我赫然明白他令人景仰的原因。

所以，我也試著將這套「拓巳先生派的介紹技巧」學以致用。

難得有機會分享自己身邊的「人脈資源」，當然不希望以失敗收場。

因此，每當我需要引介朋友時，我都會採用拓巳先生的方式。

在初次見面的當下若能讓雙方對彼此留下良好印象，肯定能促成一場開心的談話，大幅提升雙方順利結識的機會。

先滿足自己，才能幫助他人

俗諺有云：「施比受更有福。」

比起向他人予取予求，幫助他人不僅能為他人帶來喜悅，自己也能從中獲得更多快樂。就像比起自己獨享美食，和他人分享肯定能吃得更加津津有味。如果世上真的有神，祂在造人時，肯定賦予了人類「助人為樂」的本能。

然而，有一點相當重要。

必須先滿足自己，才會感受到付出的快樂。

舉例而言，隨著年齡增長，我們將愈來愈無法品嘗高油脂的料理。此時，就算

前往燒肉店用餐，也無法大飽口福。換言之，這時的我們已經無法藉由品嘗燒肉獲得幸福。即便今天宴請年輕人一同用餐，看到他們大快朵頤的樣子，內心也只會因為「自己有能力款待他人」而感到喜悅。

極端一點來說，當一個人在飢腸轆轆的狀態下找到食物時，往往會占為己有，即便從旁經過的人緊盯著不放，也不會輕易分食。就算分給別人，也只是強忍飢餓下做出的痛苦決定，一點也不會感到開心。

因此，**在為他人付出之前，必須先滿足自己**。如此一來，才能真正感受到助人的快樂。

而滿足自己的方法並非只有花費金錢犒賞自己，重點應當是——**多從事自己喜歡的事情，遠離討厭的環境**。只要愈常投入自己的興趣，心靈就會愈富足。

然而，投入一段時間後，可能會發現自己對這些事情逐漸失去興趣，甚至會感覺空虛來襲，產生自我懷疑。明明自己正在從事喜歡的事情，卻只覺憂愁沮喪，感受不到任何欣喜。

這正是提醒我們該藉由付出來獲取快樂的訊號。

此時，我們可以透過幫助他人，帶給他人喜悅，昇華我們的心靈。

你的心將會因此恢復熱情活力，進而建立起廣闊的人脈，人生也將因此更為充實圓滿。

給對方接受好意的理由

在為他人付出時其實需要一些技巧，因為有些人會傾向拒絕他人的好意，若對他們付出，反而會造成他們的負擔。

過度付出確實容易令對方難以招架，要是讓對方為了回報心意而傷透腦筋，實在過意不去。畢竟付出的本意多半只是想讓對方開心，絕非帶給對方壓力。

因此，我們可以運用一些技巧，避免這種窘境。我最常採用的方法，就是給予對方**「接受好意的理由」**。

舉例而言，我們可以跟對方說：「這陣子承蒙你的照顧了，這頓就由我來請客

吧！」應該有許多人也使用過這個簡單又方便的說詞吧。

然而，有時儘管沒有具體理由，也會希望向對方付出一些善意。這樣的舉動固然值得嘉許，但很有可能會令對方受寵若驚，不明白你的用意。此時，設想一個自然貼切的理由，便能順利化解僵局，譬如：

「我信用卡的紅利點數快要過期了，要不要幫我一起把它花完？」

「這餐我請客，因為我想請教你關於〇〇的事情，不知道方不方便？」

只要像這樣附上一個令對方心悅誠服的理由，雙方都能輕鬆愉快。

我想，與其僅是自己單方面的付出，**讓對方欣然接受自己的心意，反而能加倍開心**。

4章

總是受歡迎的人「苦惱時」會做的事

如何辨別對方的話是「必須放在心上」還是「左耳進右耳出」？

事實上，與他人互動時，並非每次都能以歡樂收場。有時，他人會直言不諱地予以建議。偶爾，我們也會因為他人的批評重創心靈。如何看待、解讀他人發自內心的真話，將深深影響我們和對方未來的人際關係發展。

究竟對方所說的話是助己一臂之力的金玉良言，或僅是宣洩憤恨的惡意言論呢？若是前者，儘管忠言逆耳，只要能欣然接受，都能化為成長的肥料；但如果是後者，為了自己著想，不如拋諸九霄雲外。

關鍵在於，我們必須判斷哪些人的話值得放在心上，哪些人的話左耳進右耳出就好。

首先，我們可以反問自己：**「我是否渴望成為像對方一樣的人呢？」**。

若對方是令人敬重且仰慕的榜樣，那對方所說的一字一句，都可能是幫助我們成長的箴言。

除了反問自己，**我也時常觀察對方生活周遭的人**。

究竟這個人身旁的朋友都是什麼樣的人呢？這個人又是在什麼樣的環境下成長的呢？

如果對方身邊圍繞著的皆是令人欽佩的對象，那麼這個人說的話就值得參考聆聽。

畢竟，我們無法看穿一個人真正的心思。夠機靈的人，多半都會透過言行舉止喬裝成另一副模樣，掩飾內心真實的自己。

但「身邊圍繞的人」會告訴我們實話。

近朱者赤，近墨者黑。討人厭（和自己個性不合）的人，周圍往往圍繞著令人反感（同樣和自己相處不來）的人。相反地，**德才兼備的人，身邊肯定充斥著同樣令人敬佩的人**。

人的真面目會透過形形色色的方式展露在我們面前，而其中，我們肉眼可見，又最能揭示對方真實個性的，就是對方生活周遭的人。

做好「對方無法完全理解自己」的心理準備

與他人相處時，最無奈的事情莫過於「對方無法理解自己」。

雖然挨人臭罵、慘遭遷怒也同樣令人髮指，但「對方無法理解自己」時，往往最讓人欲哭無淚。

然而，每個人生來各異，他人本來就很難完全了解自己。換言之，**打從我們出生的那一刻起，就已經註定背負「對方無法理解」的莫大哀愁**。

其實，人與人之間的關係會陷入膠著，多半也都是因為我們無法百分之百理解彼此，才會引發溝通上的誤會，產生隔閡。

我們所說出的字，在對方耳裡聽起來都有可能完全偏離本意。就像自己覺得可以改善現況的方法，有時仍會遭到他人批評指教。就連使用同種語言、在同個國家長大的人們，也都時常意見相左。

即便如此，我們仍容易因此沉溺於「對方無法了解自己」的哀傷裡。為了避免讓自己陷入悲傷，**我們必須先放下「對方能夠理解自己」的癡心妄想**。無論你和對方的關係是主管下屬、同事、朋友抑或伴侶，在進行溝通時，請都先做好「對方無法完全理解自己」的心理準備。

每個人天生都戴著鏡片顏色各異的眼鏡，自己眼中看出去是綠色的東西，在對方眼裡可能會是紅色的。此時該做的，並非極力改變現狀，而是接受「人與人之間一定擁有差異」的事實。

當你做好「對方無法完全理解自己」的心理準備時，將能幫助你轉換思維。

我們之所以因對方無法理解自己而感到難過，正是因為我們人會利用對方了解自己的程度來評判兩人的交情，這點前文也有提及。因此，**只要發現對方無法理解自己，我們就會自動在腦海進行轉譯，認為自己無法得到對方的愛。**

對人類而言，「無法得到他人的愛」其實相當嚴重，因為嬰兒如果無法獲得母愛，將難以延續生命。所以，若我們無法獲得他人的愛，將會本能地認為自己陷入生存危機。

人類的這項心理機制，會讓我們在感覺到自己無法獲得對方的愛時，不自覺灰心喪志。

但重點是，**「對方了解自己的程度」並不能和彼此的交情劃上等號。**

舉例來說，每位父母肯定都有不知道嬰兒為何哭泣的經歷，但這並不代表父母不愛他們的小孩。再舉一則例子，若你的伴侶大發雷霆，對著不明所以而慌張不已的你大聲斥責：「你怎麼會不懂我為什麼生氣？你不愛我了嗎？」你肯定會反駁：「才沒有這回事！」

藉由以上兩則例子便能清楚明白，「無法理解」並不代表「不愛」，「對方無法理解你」並不等於「對方不愛你」。換言之，**即便覺得對方無法了解自己，我們也不必因此感到傷心**。

雖說如此，人心依舊複雜。也許我們無法立即擺脫情緒的叨擾，但我們隨時都能改變觀點，羽化蛻變。

只要謹記以下兩點：

●**做好「對方無法完全理解自己」的心理準備。**

●**「對方了解自己的程度」並不能和彼此的交情劃上等號（避免把兩件事情聯想在一起）。**

如此一來，即便自己的本意未能確實傳達給對方，也不會因此沮喪難過，更能避免自己為此悶悶不樂，和對方爆發衝突。

而且，正因為明白對方無法完全理解自己，我們才會更積極努力地與對方溝通。

甚至某天回過頭，你會發現自己因此建立了廣闊的好人緣。

發揮「同理心」平息對方的怒火

我們容易利用對方了解自己的程度來評判兩人的交情。只要明白人類的這則心理機制，大部分棘手的人際關係問題都能迎刃而解。而且，我們也可以藉此道理來化解對方「憤怒」的情緒。

話說回來，我們人究竟為何會感到憤怒呢？

其實**大部分的憤怒之中都藏有某股「熱忱」**。

這裡的熱忱，指的是人在面對問題時，總會希望事情能「有所改善」。或許可以說，正是因為我們對某件事情抱有熱情、懷有願景，才會產生這些期望。若我們發

現對方無法理解這股熱忱時，我們肯定會備感悲傷，而對方又無法理解這股悲傷的話，悲傷便會化為憤怒。

就根本而言，正是因為懷有「無法被理解」的憤慨，才燃起我們心中的怒火。

因此，如果對方向自己發怒時，無須感到驚慌（當然，如果危及到自己的生命危險，請務必趕緊逃離現場），最佳的解決方法，就是試著察覺對方憤怒之中隱藏的熱忱，並予以理解。

話說，我曾經遇上所謂的「番茄醬搶匪」。

番茄醬搶匪會故意在你的背上擠抹番茄醬，假裝好意提醒你背上有污漬，以便製造機會，讓他的同伴趁你的注意力被番茄醬分散時，奪取你的隨身物品。

某天，我前往某家銀行提領一筆金額有些龐大的款項。當時，銀行的櫃檯服務人員直接將一疊一疊的鈔票放在櫃檯窗口。火眼金睛的搶匪瞥見之後，便尾隨我至其他大樓的電梯裡，並偷偷在我背上擠抹番茄醬，準備行兇。

當時，我立刻就察覺到事態迴異，所以搶匪沒有得逞，馬上就逃之夭夭。儘管未有損失，但我當時遇上的是身材魁武的外國強盜三人組，事後仍令我心有餘悸。

當慌張的情緒逐漸平復下來後，我的內心湧現出一股憤怒。除了對強盜的惡行氣憤不已，也對銀行人員備感不滿。我想，如果銀行人員沒有直接將鈔票堆放在窗口，我就不會經歷這場浩劫。我立即向該間分行提起客訴。

不過，分行人員卻對我不理不睬，說：「這起事件不是在銀行發生的，所以無法將責任歸咎於我們。」聽完後，我的怒氣飆升，於是又致電給總公司的客服中心。

這時，總公司採取了和分行截然不同的態度來回應我的投訴。

我：「貴行的櫃台服務未免也太鬆散了吧？都是因為貴行的缺失，才導致我在途中遭

遇搶匪！」
客服中心：「遇上搶匪肯定讓您非常緊張吧！不知道方不方便請您詳述細節呢？」
我：「（如此這般，如此這般），都是因為貴行的不周，才導致我成為搶匪的目標！」
客服中心：「原來如此，可以理解您生氣的原因。」
我：「提領如此大筆金額時，不是應該在獨立空間進行作業嗎？怎麼會直接在人來人往的窗口擺上現金呢？改在獨立空間作業，兩邊都能安心，不是嗎？」
客服中心：「您說得對。」

頓時，我感覺到久久未能平息的怒火，竟一夕之間煙消雲散。

先向各位分享事件的結局。隔天早上，當我抵達公司時，那家銀行的分行副總，以及替我辦理手續的櫃台人員，筆直地站在公司門前。隨後，他們向我低頭致歉：「非常抱歉造成您莫大的困擾，聽說搶匪在您的襯衫上沾染了醬料，因此，我們準備了一張襯衫訂製券，請您笑納。」然而，當時的我，早已完完全全氣消。

究竟為何在和客服中心通話後，我的怒火得以平息呢？

我想各位讀者應該已經猜到，當我提出「提領大筆金額時應當在獨立空間進行作業」的建議後，**對方理解了我憤怒之中蘊含的熱忱，明白我希望事情得到改善，所以我的怒氣才得以弭平**。

除了這則親身經歷以外，我也曾經聽一名優秀的客服人員說過：**「千萬不要否定顧客，也不要急於道歉，而是展現對顧客的理解。」**似乎也有企業將這點納入員工守則之中。我想，這確實是最貼近人性的解決之道。

只要能理解對方憤怒之中蘊藏的熱忱，就能平息對方的怒火。面對憤怒，果然也和「挖掘對方的熱忱」脫不了關係呢！

犯錯時即早道歉

前文提及，只要能夠理解對方的憤怒，就能平息對方的怒火。然而，如果起初就確定是自己有錯在先的話，務必趕緊向對方**「道歉」**。

速度可說是致歉的關鍵。是否能趕緊認錯道歉，深切影響著兩人未來的交情。愈是拖延，就愈難開口致歉，對方的怒火也會愈加熊烈。未來，將難以修復彼此之間的關係。

就像愈晚還錢，利息就愈高。**愈晚道歉，需要付出的代價就愈高**。

然而，偶爾可能會遇到以下這種狀況。

你顯然因為某件事令對方怒氣沖沖，儘管心裡隱約知道自己哪裡犯錯，卻不清楚這是否為對方生氣的具體原因，於是不敢隨意開口道歉……此時該怎麼辦呢？

最佳的解決之道，就是**只要認為自己有錯，「先道歉」為妙**。既然對方已經怒火中燒，那就先為「惹對方生氣」這件事情誠摯道歉。

接著，再誠懇地向對方表明：「不過，我不太清楚自己哪裡做得不好，我希望你能告訴我，讓我有機會改進。」

最差勁的事情，就是遲遲不肯道歉。其次，則是胡亂道歉，敷衍了事。

因此，若不想破壞兩人之間的情誼，請務必向對方表達自己的愧疚，並真誠地詢問對方生氣的原因。

雙方坦誠溝通後，反而能增進彼此的信任。無論是面對職場、朋友、伴侶等何種關係中的爭執，皆能採取此作法。

別人犯錯，自己可能也有責任

那麼，如果立場相反，當你想要責備他人的過失時，又該怎麼辦呢？

俗話雖說：「愛之深，責之切。」但在指正下屬時，請務必要保持冷靜，耐心地提點，避免情緒化的發言。

然而，如果想和下屬維持良好的互動，我認為有項觀念更為重要。

那就是——**別人犯錯，自己可能也有責任。**

舉例來說，假設你分派某項工作給下屬，卻被下屬搞砸了。此時，如果你選擇將責任完全歸咎於下屬，你將永遠無法成為他們眼中敬佩的主管。

工作之所以會發生狀況，確實很有可能是因為下屬的失誤，但也有可能是身為主管的自己在指示工作時出現差錯，才釀成失敗。

即便確信自己下達的指示萬無一失，仍改變不了下屬犯錯的事實。此時，將一切歸咎於下屬能力不足，不斷劈頭責備下屬，並非優秀主管的行事作風。

請試著思考看看，會不會是因為下屬無法理解自己想傳達的內容，引發了誤會。畢竟自己認為理所當然的事情，對下屬來說也許並非天經地義。也有可能是自己錯估部下的能力，讓下屬執行了超出能力範圍的工作，才導致失誤。

像這樣設想自己出錯的可能性，並加以反省，不僅有助於培養良好的上司下屬關係，也能讓未來合作更加順遂。

當然，自我檢討後，請務必確實向下屬致歉：

「不好意思，是我的表達方式不好，我其實是希望你這麼做。」

「不好意思，我其實想表達的是這個意思，讓你誤會了。」

「不好意思，似乎有點為難你了。」

假使角色互換，當自己犯錯時，若能遇上一位寬宏大量、善解人意的主管，我們肯定願意繼續追隨他的腳步。現在，就是讓自己成為這位善解人意的主管。

不僅是職場關係，於朋友、伴侶關係之中亦然。

也就是說，當對方誤解你的意思，或者對方用心良苦卻仍不慎犯錯，導致事與願違時，我們都不該劈頭責備對方，而應當站在對方的角度思考，如：

「不好意思，可能是我表達得不夠清楚，我的意思其實是……」

「我們應該一起完成的！不好意思，讓你這麼辛苦。」

能否展現體貼，將深刻影響兩人未來的關係發展。

任何行動的初衷，都是希望能和對方一起打造美好的未來。比如，希望能和同事、下屬一同提升公司業績，希望能和朋友、伴侶更加幸福快樂等。

一味地責備對方的過失，將造成雙方的隔閡，阻斷邁向美好未來的道路。儘管責備可以立即排解不滿的情緒，但肯定會在兩人之間留下疙瘩。

因此，請務必謹記，**對方犯錯時，自己可能也有責任**。

此時，**請與對方攜手解決問題**。

對方不是你的出氣筒，而是與你一同迎向美好未來的夥伴，請珍惜彼此之間的緣分。

不懂裝懂，總會穿幫

我認為「**保持真誠**」是人生中最重要的五件事情之一。

擁有真誠笑容的人，往往能討人歡心。

以真誠態度學習的人，往往更受人歡迎。

相反地，缺乏真誠的人，往往會為自己的人生招來莫大損失。

碰上不熟悉的話題卻「不懂裝懂」也同樣地吃虧。畢竟假裝瞭若指掌，就無法請教他人了。

我們人常常會對自己的孤陋寡聞感到羞恥，因此碰上不懂的事，總是會試圖欲

蓋彌彰，佯裝自己無所不知，無所不曉。我能理解這份心情，但不懂裝懂的人終究會被對方拆穿，畢竟對方的知識更為淵博，只要稍作發言，很快就會露出馬腳。

因此，不懂裝懂，**損失最慘重的永遠是自己**。

與其關閉學習的大門，不如大方承認自己見識淺薄，向對方請教，汲取新知。

我自認不是一名聰明賢慧的人，所以每當遇到不懂的事，我都會立即請教對方：

「不好意思，**剛剛那個詞是什麼意思呢？我第一次聽說。**」

「不好意思，**我對目前最新的資訊完全不了解，不過我滿有興趣的，可以請你把我當成鄉下的老奶奶解釋給我聽嗎？**」

只要像這樣，於當下立刻提出疑問，虛心請教對方，對方肯定會熱情地回答你，反而更有斬獲。

即便我是以講師的身分出席研討會或演講，只要台下提出超越我知識範圍的問題，我也都會立即向台下求救：「不好意思，這題我不會，今天在場一千多名的民眾裡，有沒有人可以幫我回答這題呢？」

或許你會覺得別人發現自己孤陋寡聞十分丟臉，但其實**被對方識破你在不懂裝懂反而更為丟臉**。

或許你也會害怕，在坦承自己的無知後，容易被當作一名才疏學淺的井底之蛙，但不懂就是不懂，絕非滔天大罪。

而且，如果想要建立彼此的信任，讓對方發現自己不懂裝懂反而得不償失，畢竟**坦率的人，才能獲得他人的信任**。

禮物的價值並非「物品」本身

談到交際中令人手足無措的事情，送禮無疑是其中之一。

儘管希望對方開心地收下贈禮，但我們往往難以精準掌握對方的喜好，有時也無法完全信任自己的品味……此外，在不同的場合中，人們對同一件禮物也會抱有不同的看法，實在是一門艱澀的學問。

其實我也對挑選禮物挺不在行，所以，我都盡可能請我太太替我選購。

我的太太和我完全相反，她相當熱衷於挑選禮物。她喜歡想像對方收到禮物後露出的笑容，因此，她總是樂於撥出時間，幫我挑選禮物。

不過，站在收禮人的角度思考，其實就會發現，**禮物的根本價值並非「物品」本身**，而是在於對方為了自己花費時間挑選禮物的誠心。

換言之，禮物中最具價值的東西，並非對方贈送的物品，而是**對方的心意**。

其實，我也有過相同的感觸。

故事大致是這樣的，曾經，我十分關注某項議題，因此，我捐了一筆款項至關懷此議題的團體。該團體的董事長得知後非常高興，便向我致贈回禮。但他致贈的物品十分龐大，說實話，我相當困擾，不知道該如何收納才好。

不過，我心想：「這麼大件的物品，可是承載著對方的感謝之意。」頓時間，我的心頭湧現一股感恩之情。**如果能更專注在送禮者的心意，而非贈送的物品，從中萌生的感激，必定能化解困擾的情緒**。

當然，我們還是要盡量根據對方的喜好挑選禮物。

不過，比起物品本身，更重要的是為了對方撥出時間挑選禮物的誠心，換言之，即是**禮物當中承載的心意**。

然而，世界上一定也有人不擅感性，無法體會其中的心意。

但即便如此，抱持著「心意本身即足具價值」的想法送禮也能減去一些心理負擔，不會老是為了挑選百分之百完美的禮物而困擾不已。

同時，自己在收禮時，也能如同方才的故事一般，感受到對方為了自己花費時間悉心挑選的心意。此時，即便收到困擾的禮物，也能開心、真摯地向對方道謝。

若能抱持這樣的心態收禮，肯定得以廣結善緣。

5章

總是受歡迎的人「日常生活中」會做的事

為善不欲人知

在經營人際關係中最巧妙的事情是——你愈是試圖討好對方，愈容易適得其反。若為了博得某人的好感，特意在他面前展示自己的優點，對方多少能在相處的過程中察覺你背後的意圖，最終只會徒勞無功。

其實，**總是受歡迎的人並不會為了受人矚目而刻意討好他人**。他們反而充滿自信、為人落落大方，待人真誠，對他人抱有真摯的好奇心，總是誠摯地被對方打動，真實展現開心的模樣。

這樣的人，自然討人喜愛。因此，在旁人眼中，這些人往往看起來人緣廣闊。

那麼，該怎麼做才能成為這樣的人呢？

其實，比起探討「與他人的應對方法」，我們更應該著重在自己**「平時的生活態度」**。

如果把和他人交流比擬作「正式演出」，我們平時肯定需要累積大量的「練習」，才能讓自己在正式演出中散發光彩奪目的魅力。因此，本書的最終章將告訴各位平時應當養成哪些習慣，才能練就為一名受歡迎的人。

說了這麼多前期提要，終於要進入正題了。首先，我希望各位練習**為善不欲人知**。

每次聽到這句話，都讓我不禁想起所喬治曾經說過：「與其對路上的狗屎大發雷霆，不如幫忙清理，造福社會。」

每次走在路上，看到路邊有狗屎時，難免會讓人想要咒罵那些沒有負起清理責任的飼主。然而，所喬治先生卻認為，與其痛斥飼主，並對狗屎置之不理，不如日行一善，幫忙清理，避免其他人不慎誤踩。

原來所喬治先生遇到路邊的狗屎時，總是會默默幫忙清理，以防後來走在這條路上的人因為誤踩而壞了心情。聽完他的分享，不禁令人深感佩服，而且，你肯定也會想像所喬治先生親力親為的模樣，而對他另眼相看，成為他的粉絲。

即便我們難以和所喬治先生平起平坐，但我們依然可以實踐一些一般人不會主動執行的善事，譬如捐錢、撿拾路邊垃圾等。不過，務必默默執行這些善舉，避免大聲宣揚、四處邀功。

這些舉動同時也能幫助我們**提升自信**。畢竟助人為快樂之本，而「為善不欲人知」更被視為行善的最高境界。能夠無私地替他人付出，不求回報，確實是件值得嘉許的美德。

除此之外，**默默行善還有助於培養大方的性格**。

具體而言，我們可以練習定期捐款。

只是在便利商店櫃台旁的募款箱裡投點零錢也可以，不必非得捐出鉅款。

當我們養成捐獻零錢的習慣，漸漸地就不會在意這些零錢的去向。

無論你捐款金額多寡，只要能像這樣自動自發行善，自然能成為一位慷慨大方的人。

肯定自己的善舉，好處效果倍增

默默行善不僅能提升自信，還能讓人變得大器。**若能在行善後多加肯定自己的善舉，效果將更為加倍。**

行善後，不妨發揮想像力。舉例來說，我們可以想像自己的捐款能夠幫助到哪些人，譬如捐款至關懷貧困孩童的團體，我們便能幫助貧困孩童溫飽肚子。如此一來，自然能肯定自己的善舉。

同樣地，在我們實踐隨手撿拾路邊垃圾等一般人不會主動執行的善事後，也能藉由想像力嘉勉自己的善行。

畢竟養成默默行善的習慣後，往往會因為習以為常，而漸漸對其中的快樂感到麻木，逐漸遺失自我價值。

因此，**每做完一件善事後，請務必加以肯定自己的善舉**。

正因為默默行善無法獲得他人的讚賞，才更應當自我肯定，方能提升成就感，增添自信，成為一名大方的人。

光是想像一位自信滿滿、落落大方的人，就讓人不禁心生嚮往。

滿懷自信的人從不貶低他人，也不自吹自擂，更不會一味地指責別人。他們往往懂得自我肯定，並不需要依靠這些行為來確立自身的價值。也因此，他們總能真誠地對他人抱有好奇心，真摯地被他人打動。

落落大方的人更不用說，肯定是人見人愛。

比起拘泥小節、斤斤計較的人，善解人意、寬宏大量的人鐵定更受歡迎。只要養成默默行善的習慣，並時常肯定自己的善行，便能逐漸受人歡迎。

再次強調，並不是因為你執行的善事令你備受矚目。而是**因為你在行善後提升了自信，且更為大方，才討人喜愛**。

行善的目的從不是為了向他人炫耀自己的善舉。

相反地，如果在行善後不斷向他人邀功，反而容易適得其反，讓對方認為你是為了換取功名利祿才慷慨解囊。

因此，請默默行善。唯有如此，才能獲得以上所有好處。

包容自己的不完美

前文提及，與自己的相處模式，往往會反映在與他人的互動之中。因此，只要能和自己和平共處，就能與他人建立起良好的關係。

於日常生活中，我們可以練習**「愛自己」**。這則技巧是我從朋友武田雙雲身上學來的，只要看到他身邊圍繞著許多志同道合的朋友，且老是自信滿滿的模樣，就能明白這項技巧多具效果。

若用我的話來詮釋「愛自己」的概念，我會說應當「**接納自己的不完美**」。

無論如何都不要內疚自責，而是接納自身所有的缺點，肯定並重視自己。只要養成這道習慣，便能奇蹟似地改善與他人的互動關係。

請讓我向各位說明這其中的運作機制。

有時，我們會覺得自己遭到某個非常信任的人背叛。暫且不論對方做了什麼，其實，都是因為我們對自己感到失望，才會萌生慘遭背叛的想法。

因為我們無法達成對自己的期許，所以才轉而渴求他人滿足自己的期望。

因為我們無法信任自己，所以才轉而相信他人。

然而，如果我們連自己的能力都無法完全相信，又怎麼能要求他人滿足自己的期望呢？況且，別人本來就不可能百分之百符合我們的期待。

總的來說，正是因為我們對自己感到失望，才會衍生出這股「背叛感」。

那麼，如果我們能夠接納不完美的自己，又會發生什麼事呢？

此時，我們肯定能更加鼓勵自己：

「即便不完美也沒關係。」

「就算過程中失敗了也無妨。」

「願意嘗試已經相當勇敢了！」

「這部分做得很出色！」

「能夠如此殷勤不懈，值得嘉許！」

只要像這樣包容自己的缺點，即便對方未能達成自己的期望，我們也可以像接納自己一般包容對方：

「即便不完美也沒關係。」

「就算失敗了也無妨。」

「願意嘗試已經相當勇敢了！」

「這部分做得很出色！」

「能夠如此殷勤不懈，值得嘉許！」

我們將能看見對方的成功，並能由衷感謝對方的付出，而非著眼於對方的不足。

關鍵在於，我們應該避免因對自己失望而隨意對他人抱有期待，並以此責備或嫌棄那些未能滿足我們期望的人。

只要能包容他人的缺點，自然能受人歡迎。

如此一來，與他人的交情將更為緊密，心情也更為穩定，使生活洋溢著幸福。

相反地，一味指責他人只會消磨彼此感情，不如減少批評，增添美好的相處時光。

接納自己的負面情緒

受歡迎的人看似總能正向思考，但事實並非如此。

我自己就不是一名正面陽光的人，我甚至覺得那些總是積極正向的人，反而是在勉強自己。

每個人本來就會有正向情緒與負面情緒。那些積極正向的人，肯定會壓抑那些突然湧上心頭的負面情緒，逼迫自己調整心情，甚至會為了維持正面思考，否定某部分的自己，武裝成無堅不摧的模樣。一旦養成了這種習慣，反而會本末倒置。我認為這才是真正的負面思考，甚至可以說是在背叛真實的自己。

此時，如果還強行灌輸他人正能量，便是在散播「毒雞湯」。
因此，我必須說，自認擁有滿滿正能量的人其實無法討人喜愛。
再次強調，每個人都有正向情緒與負面情緒。所以，**請接納自己的負面情緒，而非否定壓抑**，這也是「愛自己」的一環。
接納自己的負面情緒，才是真正的正面思考。

然而，我們偶爾也還是會想發發牢騷、吐吐苦水。
此時，無須將這些情緒憋在心裡，可以找個對象抒發自己的負面情緒。
不過還是要留點口德、注意自己的禮節。

我常常將**抒發負面情緒比喻成「放屁」**。

雖然放屁是自然的生理現象，並非滔天大罪，但我們還是要慎選放屁的地點。自己一個人時絕對可以無後顧之憂地放出聲音，有親朋好友在的場合或許能勉強縱容自己，但如果在客滿的電梯裡，或是在派對上肆無忌憚地放出聲音，則相當失禮。

抒發負面情緒也是同樣的道理。唯有私下辱罵，或找摯友、家人一吐為快，才能真正消解怒氣，且不會令自己難堪。

舉例來說，我在開車時無法忍受有人隨意插隊，因此，我時常暗地裡詛咒插隊的人整趟路程不停遇到紅燈、腸胃不適時永遠找不到廁所，或是嘲諷他前世肯定沒有當過人，才會不懂社會規矩。

此時，如果車上剛好載著妙語如珠的幽默親友，便能展開一場毒舌大會。在此之中，原先的詛咒嘲諷往往能發展成令人捧腹大笑的笑話，起初的怒氣也將隨著笑聲煙消雲散。最後，也就能收回原先的怨言，誠心地祝福對方安全抵達目的地。

憋著屁不放有害身體，**壓抑負面情緒也同樣有損健康**。

因此，如果心生不滿，渴望宣洩怒氣時，敬請挑選一個適當的場合，釋放自己的情緒吧！

常保感恩的心

和平先生曾教導過我，務必常保感恩的心。

他經常告誡我：「**人心如同真實的臟器，會在好壞情緒之間跳動。然而，若能心懷感恩，便能常保喜樂，因此，請多多感謝生活周遭的一切。**」

社會時常提醒我們要「常說請、謝謝、對不起。」我想大家應該也都認同這句忠告。而和平先生闡明，正是因為**「感恩能讓快樂永駐」**，才會衍生出這則道理。我對和平先生的這番言論深有感觸，因此，才在此向各位分享。

面對任何事情，我們都應當採取正面積極的態度。當然，我們也必須懷抱一顆開朗的心，才能建立良好人際關係。

因此，請養成道謝的習慣。

尤其我們的大腦會自動合理化所有說出口的話，只要先向他人道謝，腦袋就會自動幫你找尋道謝的理由。

如此一來，便會發現世間淨是值得我們感謝的事。

我們不僅能感激身邊的親朋好友，還能感謝咖啡廳的店員、商店店員、車站工作人員等日常之中幫助我們的陌生人。

接著，更能學會感恩陽光、植物、藍天、雨水、大自然等生活周遭的一切，對所有映入眼簾、雙手觸碰到的事物懷抱感恩之情。

當你愈常感謝，性格也將愈加開朗，自然就能建立起良好的人際關係。

利用感嘆句表達讚賞

各位是否還記得第一章中提及的「挖掘熱忱」呢？

只要透過深度對話挖掘對方的生命熱忱，就能從對方身上收穫感動，同時，也能提升對方對你的好感。

只是，有時儘管我們深受感動，這份感動的情緒仍難以溢於言表。因此，我們需要一些基本練習，來幫助我們表達內心的悸動。

我想向各位推薦兩道方法。

第一，**練習利用感嘆句表達讚賞**。

這個能力看似基本，卻只有寥寥無幾的人能發揮得淋漓盡致。也許是因為害羞的緣故，許多人在深受感動時，往往不擅長利用言語表達內心的讚賞。

如果你也是這樣的人，請務必從今天開始勤加練習。

你可以先設想好一兩句自己專屬的「感嘆語」。

請各位回想一下，當你深受感動時，內心最常冒出哪句話呢？

我的內心最常冒出「讚」這個字，譬如，我時常會不自覺說出「很讚！」、「這未免也太讚了吧！」、「讚到不行！」等話語。

只需要一兩句像這樣簡單的話即可，**當你找出最適合自己的感嘆句後，請練習將這些語句當成口頭禪常掛嘴邊**，讓自己習慣利用感嘆句表達讚賞。

如此一來，就能在深受感動得當下，輕鬆向任何人表達內心的悸動。

描繪內心的感動

除了利用感嘆句於當下立即表達感動之外，也可以多運用一些手法描繪內心的悸動。

我建議各位平時可以收集一些描繪感動的優美詞句或生動譬喻，來幫助自己傳達心中感觸。

我自己也時常在不經意間運用這兩項技巧，例如：

「司機，您的開車技術真是出神入化，完全不會緊急煞車。如果我是一顆蛋的

話，肯定能毫髮無傷地抵達目的地。」

「師傅，這份烤香菇實在太美味了！此刻，我覺得我成了全國最愛香菇的人！」

曾經有人誇讚我說，即便內心滿懷感動，也難以像我一樣機智，能靈活運用生動的詞語描繪出來。當時我才發現，**我其實花費了不少心力，練習活用優美詞句和生動譬喻**。

我時常認真傾聽幽默風趣的演藝人員或是令人景仰的長輩，從他們的發言中汲取有趣、特別且耐人尋味的語句。

不過，如果原封不動抄襲對方的話，即是在盜取他人的想法。因此，請消化其中的涵義後，創造自己獨一無二的表達方式。

即便是理所當然的道理，表現的方式不同，引發的共鳴也會迥然不同。

我曾經在某本書中讀到，耶穌基督和佛陀能夠受到世人景仰的原因，是因為祂們宛如譬喻之神。佛陀曾有過這麼一則軼聞：

曾經，有位男子對佛陀得以獲得世人尊崇而心生嫉妒，因此，他決定在眾人面前羞辱佛陀，試圖破壞佛陀的形象。他心想：「只要我辱罵他，他肯定會反擊，大家只要看到佛陀還嘴的模樣，肯定會喪失對他的好感。」

然而，無論男子如何辱罵佛陀，佛陀都無動於衷。

弟子見狀，疑惑地詢問佛陀：「為何您要讓他如此胡作非為呢？」佛陀依舊沉默不語。

最後，男子無計可施，筋疲力盡的他終於沉默了下來。

此時，佛陀才開口向男子提問：「如果今天你送禮給別人，對方卻拒絕收下，現在這份禮物是屬於誰的呢？」

男子不假思索地答道：「如果對方沒有收下，那就變成我的東西啦！」
男子頓時恍然大悟。佛陀繼續說：「沒錯，但我並沒有打算收下你的百般侮蔑。因此，你方才吐出的那些責罵，現在全都是你的了。」

如果收禮者拒絕收下送禮者的禮物，禮物便歸送禮者所有。
同樣地，如果受辱者拒絕收下侮辱者的辱罵，那些辱罵將奉還給侮辱者。
換言之，佛陀透過這則故事告誡我們：「不要在意旁人的閒言閒語，只要你置之不理，那些言語就會原封不動地送還給對方。」
道理人人都懂，但佛陀卻巧妙地以「禮物」作為比喻，賦予這則道理更深的韻味。透過這樣的譬喻，不僅能讓這則道理更加深入人心，還能讓人留下深刻印象。
在我聽聞這則故事之後，我領悟到——**傳遞事情時，不僅要通情達理，還要選**

擇適合的表現方式。

因此，我才會開始練習活用優美詞句和生動譬喻。

起初，我也總是詞不達意，時常令人匪夷所思。如果使用過於華麗的詞藻，或是太過生硬的譬喻表現，確實容易令對方摸不著頭緒。我也是歷經了不少摸索，才找到最能直擊人心，令人難以忘懷的表達方式。

即便無法立刻找到最完美貼切的表現手法，只要勤加練習，肯定能逐漸得心應手。就連我都辦得到了，相信各位肯定沒問題。

只要用心觀察四周，就會發現這世界宛如一座寶庫，所有的事物都能幫助我們豐富語彙。

請開啟感知的天線，感受語言的魅力。接著，找到值得效法的榜樣，將對方的說話模式融會貫通，學以致用吧！

支持自己的競爭對手

俗諺有云：「獨學而無友，則孤陋而寡聞。」

如果能夠擁有相互砥礪的競爭對手，不僅能激發志氣，增添前進的動力，還能彼此切磋成長。因此，我們應當珍惜競爭對手，給予他們支持與鼓勵。

此外，我還想補充兩個必須支持競爭對手的原因。

第一，**在支持競爭對手的過程中，我們可以反思自己的不足。**

我們往往難以客觀審視、發掘自己的缺點。因為我們在檢視自己時，容易帶有主觀偏見，而忽略許多關鍵要點。

相比之下，審視他人時，往往能更為客觀，在支持競爭對手的過程中，自然能發現對方值得改善之處。而且，正因為彼此實力相當，才足以成為競爭對手。所以，我們可以將對手的情況套用在自己身上，從對方身上反思自己的不足，藉此增強自身實力。

第二，**支持競爭對手的同時也是支持自己邁向成功**。

我們時常會不自覺地將自己的想法投射在他人身上，認為他人和自己抱有相同的觀點，或者他人也會用同樣的眼光審視自己。儘管事實並非如此，但我們往往會產生這樣的錯覺。

因此，若我們不願為對手的成功喝采，當自己獲取成就時，也會覺得自己得不到外界的認同。如果對對手心生嫉妒，希望對手身敗名裂的話，肯定也會誤以為對方同樣希望自己功敗垂成。

一旦懷有這種錯覺，便會失去堅持下去的毅力，阻斷自己的成長之路，錯失功成名就的良機。

相反地，**如果能夠支持對手，就會覺得身旁的人一定也都支持著自己**，便能抱著破釜沉舟的決心，繼續向前邁進。

即便只是錯覺，也能幫助我們迎向美好的未來，帶來成長，締造佳績。

因此，請把「將自身想法投射在他人身上」這個人類難移的本性運用在適合的地方吧！

保持身心愉悅

任何人都希望自己身邊環繞著相處起來舒服自在的人，而非討人厭的對象。同樣地，身邊的人肯定也都抱持著相同的想法。

因此，**請練習每天保持身心愉悅**。

當我們保持心情愉悅，待人將能變得更為友善，為人也會更加大方。換言之，這份快樂的心情將能感染生活周遭的人，讓對方也同樣感到輕鬆自在，自然就能建立起良好的人際關係。

當然，如果內心悶悶不樂，待人就會不耐煩。而且，即便自己嘗試掩飾這股低

落情緒，他人多少也能有所察覺，只不過是累了自己。

嬰兒嚎啕大哭時，需要大人前來關照才能平復情緒，但大人可以自行調整心情。**請於平時養成娛樂自己的習慣**，讓自己能夠以真實的好心情與人來往。我們可以為自己建立一套「自娛指南」，方便心情不好時隨時參考。

其中的關鍵，就是「**把自己擺在第一順位**」，即滿足自己的欲望，逗自己開心。而重視自己的「飲食、休息與玩樂」是基本中的基本。

飲食與睡眠的品質和身心狀態息息相關。若能夠健康規律地飲食，便能擁有一副健壯的身體。人類就像電腦一樣，如果一直處於開機狀態，效能便會下滑，需要適時關機後重新啟動，才能順利運作。所以，好好休息，才能維持自己的辦事能力與效率。只要顧好睡眠，即便碰上討厭且棘手的問題，元氣十足的身體與熱情飽滿的精神都能幫助自己有效率地跨越難題。換言之，只要睡眠充足，就能避免許多不必要的惆悵。

最後，就是**好好玩樂**。應該有許多人沒有認真思考過，究竟哪些事情能讓你內心備感雀躍，哪些事情能幫助你轉換心情呢？

其實，這就是所謂的「自娛指南」。

多數人往往不夠了解自己，不妨藉這個機會，回顧一下人生，為自己建立一套自娛指南，透過這些方法盡情享樂。

只要確實「飲食、休息與玩樂」，就能順利排解我們突如其來的負面情緒，也就能讓自己保持身心愉悅。

此外，我也建議各位事先列下能夠幫助自己「**轉換心情的事物**」，以便隨時調整心情。舉例而言，可以事先設想「失落時可以去的地方」、「煩躁時可以平復心情的味道」等。

我的一位友人甚至將社群網站進行分類，推特（Twitter，現稱為X）用來閱讀新聞或學者文章，Instagram則專門查看自己喜歡的事物。如此一來，心情低落時，只需打開Instagram，就能沉浸在喜歡的事物裡，放鬆心情。像我朋友這樣，**將轉換心情的事物收藏在每天形影不離的手機裡，每當灰心喪志時，無論何時何地都能拿出手機查看，即時緩解負面情緒**，相當實用。

我們也可以在手機中創建家庭或寵物的相簿，在Youtube訂閱喜愛的喜劇演員、設立專屬的音樂清單，試著將這些能夠讓自己開懷大笑、放鬆心情、提振精神的事物收藏在手機裡面。

心情低落時，盡可能避開人群

即便再三練習調整心情，偶爾還是難以排解內心的負面情緒。

這其實非常正常，絕對不要因此譴責自己，甚至勉強自己擠出笑容。此時，我們可以採取的行動之一，就是先「避開人群」。

如果我們帶著低氣壓，勉強和對方談話，只會讓自己更為消沉。如果之後想要調整心情，反而需要更多的時間與精力。

與其如此，不如先暫時迴避所有的談話。

我也有情緒低落的時候。

此時，如果妻子有事找我商量，或者女兒請我陪她玩耍，我都會先暫時迴避他們，向他們說：

「不好意思，我現在心情不太好，晚點再說，好嗎？」

儘管當下雙方都會有些沮喪，但暫時保持距離至少可以避免自己的負面情緒波及身邊重要的人。

接著，我會出門騎腳踏車、散步，或是泡場熱水澡來轉換心情。待心情平復後，再主動走到他們身邊，告訴他們：「剛剛不好意思，我現在沒事了！」

如此一來，便能不受低氣壓侵擾，一同度過歡樂的時光。

拓展自己的舒適圈

我們的生活充斥著各式各樣的群體，包括家庭、公司、社會，以及因興趣相投集結而成的同好會等。我也不例外，每天都逡巡在這些團體之中。然而，我相信各位讀者之中，肯定有人覺得自己難以融入當前所屬的團體。

明明感到格格不入，卻仍強迫自己融入其中，實在是太艱辛了。因此，我想告訴各位：**「一定有其他適合你的團體。」**

或許你會認為這件事情天經地義，然而，依舊有許多人明明深知這個事實，卻

仍堅信「自己只屬於這裡」。正是因為我們根深蒂固地認為「自己無處可去，必須讓自己喜歡這裡」，才會強迫自己融入不合適的環境。

要立即離開眼前所屬的團體確實有些困難，畢竟就算不適合，自己也已經在這裡建立起一些人脈，而且離開這個團體後，就必須加入其他群體，與其他人從頭打交道，更何況我們根本無法擺脫家庭與社會。

那麼，如果不離開現今所屬的團體，而是**拓展自己的舒適圈**，是不是較為可行呢？

就像船和潛水艇之所以不會輕易沉入海底，是因為船艙內劃分出許多小空間，而各個空間皆用結實的牆壁隔開來，即使其中一個房間的牆壁漏了水，水也不會跑到其他房間。然而，如果船艙內只有一個空間的話，只要一漏水，便會立即沉入海底。

我們的內心也是如此，只要劃分出許多小房間，就不會輕易沉沒。這裡所說的房間，即指我們的舒適圈。只要拓展我們的舒適圈，就不會讓自己墜入深淵。

而「興趣」和「好奇心」便能幫助你拓展舒適圈。

這世界廣大無邊，再者，現今網路無遠弗屆。只要主動出擊，就能獲取大量的知識，接觸更多的人群。

如果覺得自己已經不再適合現今所屬的團體，或認為自己已經無法在這裡成長學習，那就多方發展自己的興趣，培養好奇心，放眼更遠的世界，出發找尋更多知心夥伴與楷模典範。

只要拓展舒適圈，即便仍待在現今所屬的團體，也能從容自如。同時，也能避免自己為了迎合團體飽受折磨。

和不合適的團體只需要維持適度且必要的交流即可。若能抱持這樣的心態，即便自己遭到團體內的人士厭惡，也不會心生畏懼。

結語

誠摯感謝每位讀者的悉心閱讀。

只要不讓自己的心沉入大海，就能無止盡地航行。

而且，無論你行至何處，都能受人歡迎。

生活也將因此變得更為快樂，出乎意料的機會與幸運也將源源不絕地到來。

很榮幸能藉由本書，與各位分享其中的祕訣。

當時，只是因為本書責任編輯詢問我：「本田先生為何總是如此受歡迎呢？」才有機會促成此書的企劃。雖然很想謙虛地否認，但比起過往，我確實變得更加受人矚目，與人相處也變得更歡樂自在。

當我開始思索一切的源頭，才發現，正是因為我領悟到每個人內心深處都懷有一股熱忱，才引領我獲得眾人的好感。

以前的我，只要遇到和自己頻率不合的人，都會私自斷定對方薄情寡義，並為此備感憤慨。

然而，當我開始深入了解人心之後，我發現，每個人的內心其實都藏有一股熱忱，只是每個人表達的方式不盡相同，若沒有善加了解，就容易產生誤會。

戀愛劇中時常演出情侶雙方明明互相喜歡，卻因為彼此表達情感的方式不同，而導致雙方產生誤會，最後慘痛分手的情節。平時我們只是匆匆看過，但仔細思考便會發現，這就是我們的生活寫照，不只愛情，職場、家庭與朋友之間也都時常因此爆發誤會。畢竟我們每個人在表達自己的內心時，總是會有笨拙彆扭的時候。如此一想，便會覺得人類真是可愛呢！

在探索彼此內心的熱忱時，即便雙方說著相同的語言，仍會遇上溝通不良的時刻，彷彿面前坐著的是一名語言不通的外國人。此時，只能透過不斷的摸索嘗試，努力去理解對方的意思。當你成功挖掘出對方的生命熱忱時，必定會像在異國他鄉終於理解當地人的話語那樣，心中不禁生出悸動。

而尋得這份感動後，自然能逐漸欣賞對方。

雖然此書的主旨是在教導你如何「受人喜歡」，但其實是想告訴各位，在這之前，我們必須先「喜歡他人」。

在你挖掘出對方的生命熱忱，開始欣賞對方後，眼前的景色將變得截然不同。

當你開始領略世界的美好與熱情，世界也將前來欣賞你的魅力與熱忱。
當你喜歡這個世界，世界就會喜歡你。
此時，所有的機會和幸運必定會接踵而至。
因為機會和幸運永遠會降臨在受歡迎的人身上。
而這些機會和幸運，將帶領你開闢更廣大的世界。

我很期待那天的到來。
若此書能帶給你一些幫助，那將是我畢生的榮幸。
很開心能藉由本書，將我的想法傳遞給每位重要的你。

本田晃一

【作者簡介】

本田晃一

生於1973年1月。自1996年起以背包客之姿環遊世界，歸國後，協助父親經營高爾夫球會員證買賣事業。任職期間聽從客戶的建議，替公司架設官方網頁，公司的年營業額因此飆破10億日圓，而被封為網路行銷先鋒。其後，開始運用部落格、官方網站等分享各式資訊。2007年，成為日本第一大投資家竹田和平的接班人，並開始鑽研帝王學。夢想是培育出大量願意貢獻社會的人才。

受歡迎的44訣竅

面對自我，建立真摯關係

出　　版／楓葉社文化事業有限公司
地　　址／新北市板橋區信義路163巷3號10樓
郵政劃撥／19907596 楓書坊文化出版社
網　　址／www.maplebook.com.tw
電　　話／02-2957-6096
傳　　真／02-2957-6435
作　　者／本田晃一
原書協助編輯／福島結実子
翻　　譯／曾玟閎
責任編輯／吳婕妤
內文排版／洪浩剛
港澳經銷／泛華發行代理有限公司
定　　價／360元
初版日期／2024年12月

國家圖書館出版品預行編目資料

受歡迎的44訣竅：面對自我，建立真摯關係 / 本田晃一作；曾玟閎譯. -- 初版. -- 新北市：楓葉社文化事業有限公司, 2024.12
面；　公分

ISBN 978-986-370-747-9（平裝）

1. 人際關係　2. 社交技巧

177.3　　113016507